PIRÓMANAS

NOEMÍ CASQUET

PIRÓMANAS

CÓMO INCENDIAR TU VIDA Y DESPERTAR TU PODER

Planeta

Obra editada en colaboración con Editorial Planeta – España

Bajo el sello editorial PLANETA M.R.
Avenida Presidente Masaryk núm. 111,
Piso 2, Polanco V Sección, Miguel Hidalgo
C.P. 11560, Ciudad de México
www.planetadelibros.com.mx

Primera edición impresa en España: abril de 2025
ISBN: 978-84-08-30087-8

Primera edición impresa en México: junio de 2025
Primera reimpresión en México: noviembre de 2025
ISBN: 978-607-39-3108-3

Impreso en los talleres Impresora Tauro, S.A. de C.V.
Av. Año de Juárez 343, Colonia Granjas San Antonio, Iztapalapa
C.P. 09070, Ciudad de México.
Impreso en México – *Printed in Mexico*

ÍNDICE

PODER

—

PLACER

—

AMOR

—

A todas las mujeres que alguna vez
se sintieron demasiado, insuficientes, perdidas o rotas.
Que la memoria de nuestro fuego no desaparezca.

Instrucciones iniciales

«Este libro ha sido creado por una mujer cisgénero, blanca y bisexual. Por ello, limito la experiencia a lo vivido y sentido desde este prisma, sin ocupar espacio en la lucha interseccional o la voz de otras hermanas».

TUVE QUE QUEMAR

Seguro que en algún momento has leído sobre esos eventos canónicos, grandes giros de guion, en que los personajes se convierten en leyendas. Historias de personas cercanas o ajenas cuyas crisis les sirvieron para florecer, crecer y consolidarse, sin importar el ámbito o el estatus. Es algo que parece que les sucede a todos los seres humanos en algún momento de su vida. Tal vez lo hayas experimentado en tus propias carnes. Hace «chas» y todo cambia. Sin motivo aparente, sin premeditación. Sin predicción posible, sin anticipación. Tan simple como un golpe contra la esquina de esa puta estantería que tienes más que localizada en tu habitación, pero ese maldito día, yo qué sé, no mides la distancia. Ese pequeño despiste destapa una de las crisis más profundas de tu ser. Y ahora qué.

Ahora qué.

En mi caso pensé que los volantazos no eran mi referente. Desde que tengo uso de razón, he tenido claro lo que quería y he ido a por ello, con mayor o menor determinación. Vivía aparentemente feliz, visiblemente en paz, sorprendentemente engañada por mí misma. Es increíble cómo podemos fingir demencia y creer que todo va bien cuando la existencia está congelada. O tal vez somos unas ignorantes de la tremenda herida, de esa astilla, de ese puñal, de ese susurro interno, de esa puta esquina. Quizá no vislumbramos el motivo de nuestros problemas, de nuestro dolor, de la carga que nos aflige. Nos mantenemos en el romanticismo de meter el dedo en la llaga y permanecemos en la idea preconcebida de que nos importe todo una mierda; idea muy —pero muy muy— alejada de la realización.

Escribo estas palabras desde un pueblo en República Dominicana, con el pelo aún mojado por el agua del mar y una condena silenciosa tras el intento nefasto de arreglar el ventilador. La humedad y la ausencia de brisa —automática o natural— hacen que mis gafas se resbalen lentamente debido al sudor que se acumula en todos los poros de mi cara. Me chorrean las tetas y he dejado el top marcado con dos grandes manchas justo debajo de la caída que, a mis treinta y pocos, la gravedad empieza a crear.

A esta estampa hay que añadirle el ingrediente mágico e imprescindible: un corazón roto. El mío, claro. Y dos gatos callejeros a mis pies.

Este libro no nace aquí, lleva mucho tiempo gestándose en mi cabeza. De hecho, la primera chispa vio la luz una noche a finales de 2022, tirada en el sofá, chateando con una tarotista de Venezuela que me tiraba las cartas desde hacía dos años por audios de WhatsApp. La máxima actualización del misticismo. Cuando le pregunté por los libros, me aconsejó que diese un giro hacia algo más personal. «Muestra tus heridas»; y yo en mi salón, con una sudadera manchada de tomate, mirando al techo y con el ceño fruncido. «¿Mis heridas? ¿Qué heridas?», pensé.

El año siguiente fue tremendo, la verdad. Arrastraba una maravillosa crisis de identidad que me había agotado todas las fuerzas, y, sin embargo, el universo, Dios o quien coño sea decidió añadir un poquito de chispa a la cosa: una celiaquía. Hasta que llegué al diagnóstico, me pasé todo 2023 enferma. Muy enferma. Cansancio extremo, diarreas, dolor de estómago, náuseas, piernas y manos adormecidas, acné, ataques de ansiedad, dolores de cabeza, llagas en la boca, dolor de huesos y podría estar así hasta completar la página con tantísimos síntomas que tuve. Esto me obligó a reagendar proyectos y relajar mi ritmo frenético. Mi día se reducía a realizar una tarea sencilla y tumbarme en el sofá a retorcerme de dolor.

Busqué soluciones de todo tipo: nutricionistas, médicos, digestólogos, limpiezas de aura, osteópatas..., hasta que di con un fisioterapeuta un tanto especial, Álvaro. Él no me detectó mi celiaquía, en absoluto; el diagnóstico apareció unos meses más tarde gracias a mi nutricionista, María, y fue el cambio de salud más beneficioso que he experimentado en mi vida. La relevancia de Álvaro en la historia tiene relación directa con la apertura de esas heridas. Las del tarot. Esas.

Álvaro está especializado en kinesiología, una rama de la medicina que estudia el movimiento del cuerpo. En realidad, lo que hacía iba mucho más allá. Ese hombre de ojos azules, saltones y cogote brillante era capaz de leer lo que mi cuerpo necesitaba en todo momento, lo cual derivó en sesiones cada vez más psicológicas y menos corporales. Sin duda, mi cuerpo, aparte de luchar contra el gluten, estaba somatizando emociones enquistadas en mi interior.

En una de esas terapias camufladas, conecté con un fuerte dolor de ovarios y una frase que se repetía en mi cabeza: «Odio ser mujer». Un grito interno, una rotura de mis entrañas que me encontró totalmente desarmada y sin una estrategia de procrastinación emocional desarrollada. Solo pude escuchar ese bucle infinito de mi mente que una y otra y otra vez repetía la misma composición gramatical.

Al llegar a casa, me tumbé en el sofá y encendí el ventilador. Y ahí, lo que parecía una estupidez que había despertado mi momento esquizofrénico del año, se convirtió en un sinfín de heridas que no paraban de abrirse, una tras otra, desde mi infancia hasta mi treintena.

En ese momento tuve una revelación. Atravesó mi cabeza la última tirada del tarot 2.0 y su mensaje rotundo ante el siguiente paso literario. «Muestra tus heridas». Y esto, sin duda, era una hemorragia interna.

Una serie de acontecimientos hicieron que, al inicio de 2024, con un contrato editorial sobre la mesa, me pusiera a escribir. Teoricé, estructuré, hice esquemas infinitos de temáticas que quería denunciar, de todo el sistema que nos oprime y nos asfixia. Me enfrenté al miedo de la primera página en blanco, continué escribiendo hojas y hojas de disertación feminista hasta que, a mediados de abril, me bloqueé. No encontraba el tono, no veía el libro que estaba en mi cabeza. Llevaba casi cincuenta páginas y no sentía la humanidad en ellas. Todo era mecánico, robótico.

«Necesito hacer la gira de *Origen* y, cuando vuelva, retomaré el libro», pensé. Avisé a mi editora, lo dejé enfriar. Lo que desconocía era el maravilloso —y algo maquiavélico— plan que la vida tenía guardado para mí.

Este corazón roto no nace aquí, llevaba mucho tiempo quebrándose en mi interior. En toda esta cronología no solicitada pero sí requerida, estuve enamorada de un hombre con quien mantuve una relación durante tres años. A principios de mayo del 2024, cuando yo estaba fuerte, sana y en pleno éxito profesional, a punto de empezar la gira de *Origen* por España y por Latinoamérica con *sold out* en casi todos los países, con un local enorme que acababa de firmar y que se convertiría en Santo Amor, la primera escuela presencial y online sobre autocuidado, ancestralidad y sexualidad consciente; me enteré de que me había estado engañando durante meses con varias mujeres, a pesar de tener una relación abierta (sí, eso es posible cuando se rompen los acuerdos establecidos previamente). Lo peor, sin duda, no fue eso, sino ser consciente de la luz de gas que había ejercido sobre mí desde que empezamos. En ese instante, rebusqué en mis bolsillos y solo encontré una caja de cerillas. Y le prendí fuego a todo, y todo se quemó a mis pies.

A finales de mayo cogí un vuelo, sin mirar atrás, a República Dominicana para un rodaje importante en esta isla donde me encuentro. En unos días volaré a Ciudad de México y empezaré mi gira donde, durante dos semanas, pisaré Colombia, Perú, Argentina y Chile. Llevo una maleta gigante y una mochila a mis espaldas, con ropa apta para todas las estaciones posibles. Un equipaje que debe soportar los más de 30 °C en el Caribe y los 5 °C en el invierno chileno. Y aquí estoy, con el maullido de un gato tuerto que pide algo de comer. Y un corazón roto. El mío.

Llevo casi diez días conmigo misma en un país totalmente desconocido para mí, viendo cómo mi vida se desgarra por un hombre. Igual que hace unos años vi mi vida quebrarse en un piso lleno de guitarras y sombreros en Madrid. O en una casa costera con una maleta atada a una moto dispuesta a poner rumbo a la capital y dejarlo todo atrás. O en un sofá con aquella familia juzgando mis actos cuando llevaba seis años de maltrato por parte de su hijo. Vi a esa pirómana que había incendiado su vida tantas veces para construir, de nuevo, el castillo de papel al borde de una hoguera.

Este no es un manual de poder femenino, tampoco de autoayuda. No es un libro para vomitar todo el mal que me hicieron los hombres ni para revivir el despecho hacia mis ex. No es una autobiografía, ni un método infalible para ser perfecta, ni una guía para conectar con tu sexualidad o superar una ruptura. Esta no es una recopilación de las amenazas, ni una lista infinita de la opresión de un sistema. Ni siquiera la rebeldía de ser una mala mujer.

Este libro narra la historia de una mujer que, con el corazón roto y dos gatos a sus pies, bajó hasta las profundidades de su ser para iluminar las tinieblas. Y se encontró con mentiras, monstruos, presagios y una caja de cerillas medio llena.

Nacemos para ser las elegidas, para encarnar un rol aséptico y anestesiado, para estar calladas, agazapadas, sometidas y desconectadas. Nacemos para ser los ojos de los ciegos. De los ciegos que no nos dejaron ver. Buscamos la aprobación sigilosa de una sociedad edulcorada a golpe de estereotipos y entretenimiento en vena, presas de la mano que jamás nos ofrece de comer. Nos damos miedo, nos tienen miedo, nos educan en el miedo. Y aprendemos a ser adictas, a ser vistas, deseadas, elegidas por otros, por ellos, por el sistema, por la condena; sin importar el precio que pagamos, sin importar que, sencillamente, nos olvidamos.

Quisimos quemarlo todo y, al final, acabamos siendo fuego.

TIENES QUE QUEMAR

Quizá estás decepcionada con la vida, con lo que creíste que iba a ser, con lo que no es. Puede que en tu interior haya un lugar vacío que toma más y más protagonismo, y por el cual cada vez estás más y más disociada de la realidad. Tal vez veas el bucle en el que estás inmersa, la espiral de decepciones e inseguridades, la fuerza de la insuficiencia que te hace parar y olvidar.

Aunque, si revisas bien en tu interior, en lo más profundo, verás un puntito pequeño, casi diminuto, entre tanta negritud. Ahí te sientes, ¿verdad? Entre tanto polvo, encerrada en ese cuarto que nunca quisiste abrir, cuya llave nunca te dieron. No sabes en qué espacio de este firmamento etéreo te encuentras exactamente, pero te sientes.

Este libro tiene un propósito muy claro: enseñarte el camino del fuego. No va a ser cómodo, habrá muchas partes que te remuevan muchísimo; vas a llorar, a reír, a enfadarte, a odiarte —quizá me odies a mí también—, a amarte, a incendiarte, pero sobre todo vas a quemar. Porque tienes que quemar, y lo sabes, por más demencia que finjas.

He querido dividir en cuatro grandes bloques para que la estructura resulte más fácil, en especial tus focos de incendios. Para que tengas muy claro dónde dejar caer la cerilla.

Estos son:

- ***Identidad.*** Quemarás la máscara y la falsa *performance* que tienes como mujer, para abrazar y conectar con tu esencia en su totalidad.
- ***Poder.*** Dejarás el miedo a un lado para empezar a descubrir de lo que eres capaz, de lo que estás hecha, y el miedo increíble que generas cuando te das cuenta de que, en efecto, eres imparable.
- ***Placer.*** Honrarás el acceso al éxtasis que te ofrece la vida, a la energía sexual que se oculta en ti y a la capacidad infinita que tienes de gozar y para la cual no te han dado permiso... hasta ahora.
- ***Amor.*** Carbonizarás las dinámicas tóxicas y los patrones que nos inducen a una espiral de relaciones que nos dañan, nos esclavizan y nos alejan de nuestra propia individualidad. Aprenderás a amarte desde el lugar que mereces, desde el potencial que reside en ti.

He puesto al servicio parte de mi historia para que ejemplifique muchas de las vivencias en las que, probablemente, te veas reflejada. Del mismo modo, he analizado lo colectivo que nos induce el anhelo de ser las elegidas sin darnos el permiso de elegirnos a nosotras primero.

A lo largo de estas páginas encontrarás también varios ejercicios. Sé que a veces dan mucha pereza y nuestra mente nos boicotea, pero son muy útiles para el proceso. Puedes hacerlos cuando sientas que estás preparada y es el momento, pero, insisto, hazlos, perra.

El orden de los capítulos tiene un propósito, pero, si hay alguno que necesites con urgencia en este momento, ve directamente a él. Todo se ha creado para que sea tu refugio cuando más lo necesites, para que te sientas acompañada y sostenida, para que no olvides tu piromancia.

Este libro puede transformar radicalmente tu vida, pero sin tu voluntad y constancia, tu realidad va a seguir igual, por más libros y libros que leas. El verdadero poder está en ti, eres tú quien debe emprender la acción para que todo cambie de sentido. Eres tu guardiana, tu salvadora, tu mayor aliada, aunque quizá ahora no puedas verlo con claridad. Yo solo te voy a mostrar el camino del fuego, y tú decidirás si lo atraviesas conmigo.

Sé que da mucho miedo esta inminente metamorfosis, he estado ahí también, con la mano temblando mientras sostenía la cerilla prendida, pero...

Inhala profundo, cierra los ojos y abre la mano.

Tienes que quemar para darte cuenta de que, todo lo que ves arder, en realidad, te está iluminando.

IDENTIDAD

I

YO SOY LO QUE TÚ QUIERES QUE SEA

Desde que era muy pequeña he tenido predilección por los libros antiguos que narran historias de amor en las que se refleja la entrega absoluta del ser, por encima de todo. A veces, incluso, por encima de la vida. Y de lejos, entre página y página, observaba con cierto embobe a Álex estallar en carcajadas exageradas.

Un día le confesé a Marta, mi amiga, que me gustaba una barbaridad Álex, y ella se sorprendió. «Es Testigo de Jehová —me dijo—, solo puede tener por novias a chicas de su misma religión». Y ahí mi corazón empezó a quebrarse. ¿De verdad iba a ser ese un amor imposible?

De ese modo dejé a un lado a Lope de Vega o a Calderón de la Barca, y pasé a leer la Biblia. Y así pasé casi un año entero en que, al inicio del verano, senté a mis padres para decirles que me iba a bautizar como Testigo de Jehová. En efecto, casi les dio un infarto.

Hay madres que te prohíben salir hasta las tantas de la madrugada. A mí la mía me prohibió bautizarme hasta que no cumpliera los dieciocho años. Al poco, las clases se acabaron y empecé las vacaciones de verano. Ahí mi conexión con Álex se fue disipando lentamente y me fui un mes con mi abuela a su casa cerca de la playa. Ese mismo año, durante las fiestas del pueblo, vi a un chico de pelo negro y ojos verdes en mitad de la plaza. Me encantó. Algo nerviosa, me acerqué a él y empezamos a hablar. Se llamaba Sergio. Una noche, al dormir, con mucho miedo en el cuerpo por posibles represalias religiosas, dejé de rezarle a Jehová. Tiré los panfletos, guardé la Biblia y le di una de las mayores alegrías a mi madre; todavía hoy lo recordamos entre carcajadas y suspiros de alivio.

Esa no fue la primera vez que entregué mi identidad para ser amada, vista, elegida por el otro. Llevaba años de experiencia queriendo ser el sueño de alguien, en especial de un hombre, a costa de olvidarme de mí. Ese primer hombre fue mi tío Vicente, el cuñado de mi padre —encima no era ni de mi sangre, la puta terapia debería pagarme—. En realidad, se llama Vicenç, odia que le llamen «Vicente», pero que se joda. Esta es mi venganza por la enorme misoginia recibida durante toda mi infancia y adolescencia.

Con Vicente —Vicente, Vicente, Vicente, Vicente— fui la más fanática de la pesca, las setas (no alucinógenas) y el *rock* de los setenta. A pesar de recibir cada fin de semana un nuevo sinónimo que calificara mi falta de inteligencia, mi ineptitud en la vida y mi humillación por haber nacido mujer, yo me quedaba a su lado con una sonrisa para convencerle de que escuchaba *su rock* y no a las Spice Girls, para demostrarle que, en efecto, ¡era lista!

Aprendí a negar mi identidad con tal de ser amada y, con el paso de los años, fui perfeccionando la técnica. Tuve distintas aficiones para mimetizarme a la perfección con mi pareja. Esta tendencia no es algo personal, es algo colectivo. A nosotras nos bombardean con la insuficiencia, con la necesidad de adaptación y de cambio para ser queridas y elegidas. Es entonces cuando empezamos a negar lo que somos y a mimetizarnos sigilosamente con la persona o con el sistema. Es posible que durante todos estos años de vida nunca hayas tenido la oportunidad de encontrarte con tu propia identidad y saber quién eres.

El primer paso para la liberación es el autoconocimiento. La exploración hacia tu persona y tus adentros es de los movimientos más poderosos que podemos hacer como mujeres. De esa forma, el sistema se quiebra desde dentro. Por cada una de nosotras que no busque ser elegida o vista por el otro, sino por ella misma, sanamos las heridas de aquellas que no tuvieron elección de ser.

La identidad es la construcción de tu propia revolución interna, es una de las bases fundamentales donde se consolida el resto. Sin una identidad fuerte y sólida, bien ubicada y arraigada, somos capaces de cualquier cosa con tal de entrar en el ojo social. Pero cuando te conoces, cuando te reconoces, cuando te amas desde ese lugar y te expandes desde tu identidad real, eres incontenible.

Y no hay nada que dé más miedo que una mujer imparable.

II

QUIÉN ERES

Esta es una pregunta clave para encontrar tu identidad, aunque, como veremos más adelante, resulta difícil llegar a responderla sin atravesar un sinfín de cuestionamientos que no nos pertenecen. Que cargamos en nuestro interior, sobre todo como mujeres en un marco cultural y social.

Empecemos por la esencia, por el inicio, por la célula.

Me choqué con el texto de Ramana Maharshi hace unos años y fue clave para indagar en el *yo soy*, o mejor, en el *qué soy*. En él, este maestro hinduista empieza a quitarse las capas y capas sobre lo que nos han dicho que significa el «yo» hasta quedarse completamente desnudo.

¿Eres tu apellido? Si lo cambiaras, seguirías siendo tú. ¿Tu nombre? ¿Tu cuerpo, tu cara, tu físico? Si todo esto sufriera una transformación, seguirías siendo tú. ¿Eres tus sentidos o la acción de estos? Si dejaras de ver, oír, oler, saborear y tocar..., ¿seguirías siendo tú en tu interior, te seguirías teniendo a ti? ¿Quién hay detrás de tu pensamiento? ¿Quién se da cuenta de que se da cuenta? ¿Quién es consciente de que es consciente? Para Ramana Maharshi, «después de negar todos los principios expuestos anteriormente como "esto no", "esto no", esa consciencia que permanece únicamente es lo que soy».

Darte cuenta de que te das cuenta es el primer paso para la identificación del borrado mental que tenemos nosotras, las mujeres.

La voz de tu cabeza

«Eres una mujer con un hombre dentro observando a una mujer. Eres tu propio *voyeur*». Estas palabras de Margaret Atwood, tan reales y tan terroríficas, comprometen nuestra vivencia femenina en el mundo: por más que intentemos identificar nuestros comportamientos y pensamientos, en el fondo, hay un hombre en nuestro interior que nos observa y dicta nuestros pasos. De ahí nace la *performance* de ser mujer.

Despojarnos de la *performance* es algo esencial en la búsqueda de nuestra propia identidad, puesto que hemos asumido muchísimas características como intrínsecas de la figura femenina. Desde la forma de caminar hasta la madurez emocional, pasando por el falso mito del instinto o por la búsqueda de un equilibrio que no existe para nosotras.

En este camino del fuego, hermana, es difícil deshacerse de todo aquello que parece que eres, pero, que en el fondo, sabes que no, puesto que ese hombre que existe en tu cabeza te condiciona, te presiona, te exige por dentro. Por ello, resulta difícil encontrar nuestra verdadera esencia y, por lo tanto, responder a la pregunta «quién soy». Es un proceso de deconstrucción que requiere valentía y una profunda introspección. Es un viaje hacia la libertad de ser, de sentir, de existir sin las cadenas de los roles impuestos.

Para empezar a desdibujar quiénes somos, debemos primero reconocer la existencia de ese *voyeur* interno. Este es el primer paso hacia la liberación, ya que nos permite cuestionar y desafiar las expectativas y los roles que hemos interiorizado. Es vital practicar la *autoobservación consciente*, es decir, identificar cuándo estamos actuando para satisfacer una mirada externa y cuándo estamos actuando desde nuestra auténtica esencia.

En este viaje en el que estamos inmersas como pirómanas, debemos estar atentas para «darnos cuenta de que nos damos cuenta». Analiza la voz de tu cabeza, no la dejes pasear a sus anchas por los recovecos de tu mente. ¿Qué te dice cuando no estás depilada? ¿Qué sucede cuando te vistes? ¿A qué te alienta cuando estás por la calle?

Estoy en un cuerpo

La conexión con nuestro cuerpo y la identificación a través de él es algo estrechamente ligado a nuestra identidad femenina. Como mujeres nos preocupamos muchísimo de nuestra forma, peso, suavidad, marcas, estrías, celulitis, grasa, vello, y un laaaargo etcétera.

Toca tu cuerpo, siéntelo, disfrútalo. Tu cuerpo es un escaparate de tu alma, te permite mostrar todo lo que albergas o, al menos, te ofrece la oportunidad de hacerlo. ¿Crees que la estás aprovechando? Tal vez te dé vergüenza maquillarte como realmente lo harías si te dieras el permiso, o quizá vestirías de una forma muy distinta, pero... ¿qué van a pensar de ti?

Este lugar mágico en el que reside tu consciencia es tu maravilloso lienzo en blanco, el canal que te conecta con el mundo y en el que el mundo se conecta contigo. ¿No es alucinante? Llevas años en este cuerpo y fíjate en todo lo que ha cambiado, experimentado, sentido, superado, disfrutado, sufrido... Es un gran compañero de aventuras y de vida; sin embargo, seguimos desconectadas de él.

La próxima vez que te mires en el espejo, reconócete a ti. Y si no ves lo que en realidad habita en tu interior, pregúntate qué necesitas para identificarte cuando te mires al espejo. Sin presiones ni expectativas y, sobre todo prueba esto deconstruyendo la voz masculina que vive en tu cabeza.

Sonríele a tu cuerpo y recuérdale que es suficiente. Es lo que necesitas para estar en vida, y ese es el mayor regalo que te puede ofrecer.

Estás en un cuerpo. Siéntete en él.

De la fragmentación a la recuperación

Uno de los grandes fenómenos es la fragmentación de la identidad femenina para adaptarnos, en pedazos, a la sociedad. Como resultado obtenemos la contradicción constante de personalidades en nuestro interior. Por ejemplo, ser fuerte y autosuficiente, al mismo tiempo que cuidadora y sumisa. También en relación con el «hacer» y el «ser», dos verbos fundamentales en la vida de cualquier ser humano. La unión de hacer y ser es un privilegio masculino, alejado de la *performance* femenina; puesto que en el hacer —ámbito laboral, público, creativo— no podemos mostrar quiénes somos en realidad —ser, identidad, personalidad.

Desde tiempos históricos, a las mujeres se nos ha limitado el «hacer» y es relativamente novedoso que hayamos entrado en ese verbo fuera del contexto doméstico y de la crianza. Esto incluye, por supuesto, la limitación política y decisiva a nivel sistémico y social, puesto que nuestro voto tiene menos de cien años de antigüedad.

Sostener el «hacer» y el «ser» es incómodo para nosotras, porque las exigencias son infinitamente superiores. Por ejemplo, ellos pueden seguir jugando a los cromos cuando tienen cuarenta años y nadie se sorprende: hacen cosas de frikis de cromos porque son frikis de los cromos. Hasta aquí todo bien, hacer y ser comportan lo mismo. Si cambiamos el género, si es una mujer la que juega con esos cromos a sus cuarenta años, la relación entre los verbos es absolutamente distinta: hace cosas de frikis de cromos porque es una inmadura a nivel emocional (o porque nadie la quiere, consolidando el miedo de no ser amadas como desencadenante principal de la acción).

De ahí que nosotras debamos poner consciencia —y permiso— a la unión de estos dos verbos y reclamemos nuestro derecho y, por ende, entremos en el privilegio de expresar y actuar conforme a la identidad.

LISTA DEL HACER Y DEL SER. YO HAGO, YO SOY

Para observar con más detenimiento esta fragmentación, me gustaría que hicieras un pequeño ejercicio.

Escribe en una libreta todo lo que haces en tu día a día: tanto responsabilidades laborales como personales, domésticas y creativas.

Una vez que termines, haz otra lista con todo lo que eres en realidad, es decir, una serie de cualidades, valores y aspectos de tu personalidad que consideras esenciales.

Ahora busca en tu lista las disonancias entre el «hacer» y el «ser». Por ejemplo, eres una mujer creativa y artista; sin embargo, en el «hacer» esto no se ve reflejado en absoluto. Bien, tómate un tiempo para reflexionar sobre tu lista y, en el siguiente apartado, escribe todo aquello que harías y serías si te dieras el permiso para ello.

YO SOY	**YO HAGO**
________________	________________
________________	________________
________________	________________
________________	________________
________________	________________
________________	________________

Más adelante veremos cómo las mujeres buscamos ser amadas a través del «hacer» y no tanto del ser, puesto que al final la identidad es algo que en muchas ocasiones fragmentamos por el otro.

Nos han enseñado a mimetizarnos para poder entrar en el estereotipo o ideal de la otra persona, para ser la mujer de los sueños —del otro— olvidándonos de lo que somos en realidad, si es que algún día fuimos conscientes de ello. Si a tu pareja le gusta la escalada, ya eres la mayor escalado- ra del mundo. Si le gusta el yoga, te haces yogui a muerte. Y aunque el tráfico de *hobbies* y aficiones es algo positivo, en todas las relaciones, debe ser bidireccional y no poner en juego la pérdida de tu esencia.

Esta maniobra sucede a menudo por la educación recibida, porque queremos ser las elegidas y por la ausencia de permiso ante la introspección femenina. Queremos encajar en su mundo, pero ¿qué pasa con el nuestro?

De ahí nace la importancia vital de tener una personalidad e identidad de cimientos sólidos, para que cuando haya una fusión, sea del tipo que sea, no dejes de ser tú misma.

Quiero que te tomes unos minutos para pensar en tus relaciones afectivas, románticas, sexuales o familiares. ¿Cómo eres con cada una de ellas? ¿Cómo ha ido cambiando y fusionándose tu identidad con lo que tenías frente a ti? ¿Recuerdas si has dejado una afición, un estilo, cualquier cosa a un lado para gustar a los demás?

Esta fragmentación y consiguiente pérdida de lo que somos nace de la falta de consolidación y amor propio hacia la identidad. Pensamos que cualquier otra persona es mejor que nosotras, que tal vez no somos merecedoras de ser admiradas, amadas, acompañadas, cuidadas..., porque podríamos ser mejores. Porque siempre hay margen para mejorar. Y en esta autoexigencia constante se refleja la facilidad de cambiar nuestra esencia ante los ojos de cualquiera que tengamos delante.

III

LAS RAÍCES INVISIBLES

Hemos visto la dificultad que tenemos al responder a la pregunta básica de «quién soy». La *performance* y la fragmentación son obstáculos que nos apartan de nuestra verdadera identidad, pero no debemos olvidar la falta de neutralidad ante los arquetipos religiosos y familiares. Ahí se construye el concepto de ser mujer.

La construcción de la identidad femenina se ha nutrido de una gran representación durante miles de años, una de las fuentes de alimentación de dichas representaciones ha sido —y es— una estrategia mantenida en el tiempo: la creación de mitos y leyendas, o en un aspecto más amplio, la religión.

Da igual que seas una persona religiosa o no, puede que tu educación, al igual que la mía, se haya dado en un marco aparentemente laico, pero con unas raíces judeocristianas que rezuman machismo y opresión. En el crecimiento y desarrollo de nuestra visión como mujeres, hemos asumido simbologías y falacias que enmarcan lo que podemos y no podemos ser, de lo que tenemos permiso y de lo que no.

Arquetipos femeninos inconscientes

Por ejemplo, ¿quién no conoce el mito de Adán y Eva? Por culpa de Eva y de su mordisquito a la manzana del árbol prohibido, se instauró la mortalidad en el mundo, el sufrimiento y la necesidad de trabajar para sobrevivir. Vamos que la culpa de todo desde el principio de los tiempos inmemoriales es de las mujeres. Finjamos asombro.

Sin duda, la aceptación y presunción de la culpabilidad propia y ajena, viene precedida por mitos como ese. De este modo, más o menos sutil, se instaura uno de los mayores rasgos femeninos: la necesidad constante de pedir perdón y la carga del pecado; diseñando así, el arquetipo de Eva en el inconsciente femenino.

Si seguimos en el marco judeocristiano, y en contraposición a Eva, nace la figura de la Virgen María. Su simbología es una de las mayores representaciones femeninas que existieron —y se mantienen en la actualidad—; una figura secundaria, sin voluntad, sin asertividad, sin identidad. Un ejemplo que nos define como benevolentes, piadosas, sacrificadas, entregadas, salvadoras, y en definitiva, sin individualidad. Una imagen que, además, fomenta la separación entre la maternidad y la sexualidad, cuando ambas están profundamente arraigadas.

Creemos que la compasión va implícita en nosotras, que aunque nos hayan puesto la cornamenta, debemos conectar con el amor y la comprensión. Este retrato es lo que hace que caigamos y perdonemos, una y otra vez, al pedazo de mierda que nos está jodiendo la vida; puesto que, en nuestra cultura, tuvimos una identidad asociada a la rabia, a los límites, a la fuerza y al poder femenino, pero la silenciaron.

Lilith representa todo lo que está mal en una mujer: la promiscuidad sexual, la fuerza, la rabia, los límites, el priorizarse a sí misma y exigir igualdad. Por eso ha sido una figura altamente perseguida a lo largo de la historia, especialmente, en la religión judeocristiana, y por ende, en nuestra sociedad.

La polaridad en el femenino

Más allá de las brujas, que al narrar su historia también conocemos sus consecuencias: la hoguera, la persecución o, por supuesto, la fealdad —y en un sistema donde se presiona a las mujeres con su físico—, no tenemos unas figuras femeninas fuertes y temidas.

La existencia de estas figuras es importantísima, puesto que construyen arquetipos femeninos más allá de lo que *debería* ser una mujer. Nos dan el permiso de ser, de serlo todo.

Los arquetipos femeninos son inamovibles, sólidos y rígidos. Si decides ser amorosa y benevolente, no puedes sentir rabia. Si eres sensual, no puedes ser maternal. Si das un golpe en la mesa, dejas de ser atractiva. Estamos obligadas a encarnar un arquetipo en concreto dejando a un lado todo lo demás.

¿Sabes que puedes ser amorosa, benevolente y cortarles la cabeza a los hombres miserables que te destrozan la vida? ¿Que puedes ser calmada y tranquila, y sentir el fuego que te lleva a quemarlo todo? ¿Que puedes abrazar la piedad y la comprensión, pero dejarte atravesar por la rabia y protegerte a ti misma? Puedes ser Lilith y la Virgen María. Te lo vuelvo a repetir, no tienes que elegir un bando porque puedes ser —y, de hecho, ya eres— TO-DO.

INVOCANDO LA FUERZA DE LAS DIOSAS

Para recuperar la fuerza de las diosas, vamos a ampliar un poco nuestra mirada cultural y cronológica. A lo largo de la historia, han existido distintos ejemplos de fuerza y del *permiso de ser*. Invoca a estas diosas en ti y descubre cómo te representan.

Escríbelo en tu libreta:

- ***Kali,*** diosa hinduista de la destrucción; ¿qué es lo que quieres destruir para poder renacer?
- ***Sekhmet,*** diosa de la guerra en el Antiguo Egipto; ¿cómo es tu guerrera interna?
- ***Hécate,*** diosa griega de la magia y la encrucijada; ¿qué camino vital elegirías si quisieras recuperar tu magia y fuerza interior?
- ***Inanna,*** diosa mesopotámica del amor, la justicia, el sexo y la guerra; ¿cómo quieres expresar tu sexualidad?
- ***Brigid,*** diosa celta de la creatividad, la curación y la poesía; ¿qué actividades quieres incluir en tu vida para conectar con tu lado creativo y artístico?

Por supuesto, te invito a que busques otras diosas poderosas de distintas mitologías y las integres en ti para darte cuenta del enorme potencial que albergas.

Acepta que puedes serlo todo. Eres una mujer con una capacidad de amar infinita, con compasión, calma y luz. Pero también existen en ti la rabia, la fuerza, la protección y la defensa. Y no juzgues, no es tu sombra. Es, simplemente, tu totalidad. No tienes que elegir una posición u otra, eres todo. Los demás que elijan qué quieren de ti. Si te cuidan, te respetan y te aman, tendrán tu cuidado, tu entrega, tu amor. Si te traicionan, obtendrán tu rabia y tu ausencia.

La luz y la sombra son una misma, solo cambia la proyección de la llama.

Arquetipos familiares en tu inconsciente femenino

Por supuesto, al otro lado de la balanza del desequilibrio de la identidad, está nuestro árbol genealógico y la reproducción constante del modelo familiar. Bienvenida a la sanación del linaje.

Desde que nacemos como mujeres ya nos condicionan con todo el peso y la carga de la propia mirada interna asociada al femenino en el ámbito familiar. El concepto que tenía tu madre sobre el género no es ajeno a tu mirada propia, ni a tus pensamientos internos. Es evidente que el modo en el que hemos sido educadas se manifiesta en nuestra vida diaria y, claro, en nuestro mundo interior.

A lo largo de los siglos, las mujeres hemos estado a la merced de los demás, sometidas y esclavizadas en el cuidado, la salvación, la organización y la madurez, soportando lo insoportable. Toda esa falta de permiso, esa carga arquetípica, recae sobre nosotras, quienes podemos decidir qué hacer con ella. Y lo primero, es ponerle consciencia.

¿Cómo crees que fue la vida de tus abuelas? ¿Y de tus bisabuelas? ¿Crees que tu madre ha reproducido o reproduce el mismo rol de tus antepasadas, o ha roto con el prototipo? ¿Qué educación con respecto a ser mujer recibiste de pequeña?

La primera conexión con la propaganda femenina la tenemos a edades muy, muy tempranas, y nos va calando lentamente hasta construir la identidad. Por eso, en muchas ocasiones, lo que reside en nosotras no es del todo nuestro, es una herencia del linaje.

¿Sabes lo mejor? Que cuando sanas tú, sanan tus ancestras. Es mágico. Recuerdo que mi abuela durante años me repetía que encontrara un hombre rico que me mantuviera, porque no sabía que la emprendedora y poderosa, podía ser yo. Cuando demostré que existe un camino distinto, se convirtió en mi mayor admiradora y su orgullo por mi recorrido como mujer es algo que me emociona muchísimo. De hecho, es imposible escribir este párrafo sin que se me salten las lágrimas.

Y creo que es el momento de decir: «Queridas ancestras, existe un camino distinto». Ellas no tuvieron la posibilidad, nosotras no dejemos pasar la oportunidad. La lucha de tantas mujeres nos lleva a nuestra realidad hoy, y nuestra fuerza cambiará el futuro de mañana. Pero si no sanamos, seguiremos con el arquetipo familiar y el peso del linaje.

Actualmente, la representación familiar de la figura femenina no es neutral, podemos perpetuar el mismo personaje modélico que vimos en nuestras madres o abuelas, o incluso, podemos irnos al extremo opuesto para desintegrarlo por completo. En ambos casos, nos alejamos de nuestra verdadera identidad.

Te pongo un ejemplo. Si tuviste una madre muy servicial y sumisa, maltratada por los hombres y salvadora de la humanidad, pueden suceder dos cosas: que tengas la misma vida que viste en ella, con una tendencia hacia el sometimiento y la entrega de todo tu ser; que no quieras vincularte con nadie, siendo una mujer fría y calculadora, que odia a los hombres.

El problema es que ninguna de estas representaciones eres tú en realidad, sigues luchando con el linaje, ¿lo entiendes? Perpetuarlo o romperlo radicalmente nos hace esclavas de un pasado que no nos pertenece. Debemos poner consciencia a la tendencia familiar y, desde la neutralidad, reconstruir nuestra identidad propia. A partir de ahora, cuando actúes, pregúntate: ¿estoy siendo mi abuela, mi madre o yo misma?

Tu niña interior

Muchos miedos que nos impiden alcanzar nuestra identidad potencial tienen relación con la niña que fuimos hace años. Además, la integración modélica de nuestros arquetipos familiares se da cuando somos muy pequeñas y absorbemos la realidad que nos rodea.

De hecho, la gran mayoría de los peligros que observamos como adultas están relacionados con aquellos que de pequeñas nos atravesaron de un modo u otro: el abandono, el no gustar, el ser insuficientes, la soledad, el no ser queridas...

Lo que no tenía tu niña en ese momento era a una mujer como la adulta en la que te has convertido. Por eso este ejercicio es muy poderoso para calmar los miedos que nos impiden llegar a ser quienes somos.

TODO LO QUE TU NIÑA SIEMPRE QUISO ESCUCHAR

Encuentra una fotografía tuya de pequeña donde tuvieras entre cuatro y once años, aproximadamente. Te recomiendo que te la pongas de fondo de pantalla en el móvil durante una semana. Si no tienes ninguna foto, no te preocupes.

Cada vez que observes la foto, escribe en una libreta o en las notas del móvil lo que te gustaría decirle. Por ejemplo, «eres suficiente», «eres muy creativa, ¡me encanta tu dibujo!»... Todo lo que crees que esa niña siempre quiso escuchar.

El último día, lee en alto todo lo que le has escrito durante la semana, ponte de pie y dale la mano a esa niña. Mírala y dile: «Ahora me encargo yo. Te protejo, te guío y te veo. Dejamos atrás lo que no es nuestro para ser lo que siempre quisimos». Que sienta que esta adulta fuerte, poderosa, valiente que eres, la va a proteger como nunca lo han hecho.

Deja que tu niña admire, sienta la seguridad y el apoyo de la adulta que eres y que vas a ser.

IV

HOLOGRAMAS QUE NUNCA ALCANZAREMOS

Tenía seis años cuando fui al cine a ver *Mulán*. Después de haber visto besos sin consentimiento romantizados en *La bella durmiente*, cuidadoras de siete hombres y paranoicas de la juventud en *Blancanieves*, esclavas a tiempo completo salvadas por un hombre en *La Cenicienta*, mujeres que perdían su voz con tal de gustarle a un chico en *La sirenita* y la absoluta representación de que en nosotras lo importante es el físico y la paciencia ante trozos de gilipollas —literalmente un monstruo— que nos tratan fatal en *La bella y la bestia*; de repente, vino *Mulán* y lo cambió todo.

Algo se movió en mí en aquella escena donde ella se corta esa tremenda melena negra para ir a la guerra. Fue la primera vez que vi representado el *permiso de ser* en una mujer. La sensación de no pertenecer a ese mundo de la mujer perfecta, la necesidad de encontrar la equidad, la búsqueda de honrar a la familia más allá del matrimonio y los hijos, la inteligencia por encima de la belleza y la conexión con el mundo espiritual; todos estos elementos dejaron una huella en mí. Y, en ese momento, sentí que como niña era mucho más que todo lo que me habían dicho.

El acceso al mundo emocional es necesario para la introspección personal, pero el permiso de la identidad es un territorio desconocido. En realidad, sería el consiguiente paso natural en la existencia. Gracias al conocimiento de tus propias emociones, pensamientos e inquietudes, puedes construir quién eres. El problema es que las mujeres tenemos el permiso emocional, pero no el permiso identitario, ni siquiera el intelectual.

Como ya hemos visto, la diversidad identitaria en las mujeres escasea bastante. La gran mayoría de los estímulos que recibimos de forma diaria durante toooda nuestra existencia se han relacionado con el prototipo de mujer que llamo *mujeres holograma*: la identidad modélica que se construye a raíz de los arquetipos femeninos.

Las *mujeres holograma* son representaciones inexistentes —o prácticamente inexistentes— sobre el sistema de valores que la sociedad ha ido construyendo en torno a nosotras.

¿Qué es un sistema de valores? ¡Esto es fundamental! Déjame explicarte. La identidad de una persona está influida por un sistema de valores que puede cambiar tanto interna como externamente, debido a la evolución social y política del entorno. En esencia, se trata de cómo atribuimos ciertas características y significados a palabras que, en principio, podrían parecer neutrales.

Un ejemplo práctico lo aclarará. Imagina que lees la palabra *gorda*. Es probable que asocies esta palabra con conceptos como mala salud, colesterol, falta de ejercicio, dieta, problemas médicos, ansiedad por la comida, falta de voluntad, pereza... Sin embargo, realmente no sabes nada sobre la salud o los hábitos de la persona en cuestión. Esas asociaciones y significados adicionales que has atribuido a una palabra neutral forman parte del sistema de valores.

Entonces, ¿qué te viene a la cabeza cuando piensas en la palabra mujer? Seguro que un montón de particularidades que se han generalizado como femeninas, pero que siguen manteniéndonos en la carencia y la resignación.

O demasiado, o insuficiente

¿Te has fijado alguna vez en lo difícil que es encontrar el equilibrio como mujeres? O eres demasiado ambiciosa con tu trabajo por querer un puesto digno o no trabajas todas las horas necesarias. O tienes el pecho demasiado pequeño o para semejantes tetas mejor ocultarlas bajo el cuello vuelto, porque, si no, vas provocando. O te has puesto demasiado maquillaje y no queda natural, o mejor ponte un poco de máscara de pestañas y colorete, que pareces enferma. O siempre vas en tacones porque vas incitando, o póntelos para parecer más esbelta. O comes en exceso o comes poquísimo. O vas demasiado apretada y se te marca todo, o ciñes la ropa un poco a tu cuerpo para llamar la atención de los demás.

Absolutamente todo nuestro alrededor está lejos de permitirnos un equilibrio y un centro, porque no existe, porque no interesa. Lo que se pretende es mantener una insuficiencia permanente y un esfuerzo constante para alcanzar una idea que está totalmente difuminada.

Para las mujeres no existe el equilibrio: el equilibrio es un privilegio social.

¿Por qué sucede esto? Mantener a las oprimidas en una búsqueda constante de la representación del holograma es una forma de mantener la subyugación. Básicamente, porque el tiempo y la energía que dedicamos a alcanzar algo inexistente es lo que mantiene los puestos de privilegio en el lugar correspondiente, es lo que perpetúa que la rueda siga girando y girando en el mismo sentido.

Por ese motivo, la identidad es una de las bases más grandes para la revolución. Porque el permiso de ser una misma se contrapone a la insuficiencia, la tiranía de los prototipos, el exceso, el desequilibrio. Dificulta la clasificación de una representación que debería ser diversa, y no la reducción de la belleza al mínimo exponente: los cánones.

Los cánones y la generalización de la belleza

En los últimos años, el acceso a las redes sociales ha supuesto la globalización de la información, el acceso a esta, la alta capacidad de comunicación, enviar contenido desde cualquier parte del mundo, entretenerte con algo más que con los botes de champú mientras cagas... Pero también ha perpetuado una belleza generalizada para todas las mujeres del mundo.

En las redes sociales se utiliza la exaltación de la realidad para posicionarse más arriba en la escala de *likes.* La vida no puede ser simple, debe ser extraordinaria. El éxito de las redes sociales nace de la consolidación del holograma y de la mentira, frente a la naturalidad.

Tal vez creas que ese universo digital es la realidad patente. Que esas mujeres que tanto aparecen en redes son el promedio de la sociedad. Está demostrado que, cuanto más tiempo pasas en redes sociales, más se instala una tendencia depresiva.

Debes repetirte una y otra vez que lo que ves no es verdad: existen los filtros, los retoques, las posturas, la exageración. No todo el mundo está ganando una locura de dinero ni están en su máximo éxito profesional. Todo es una gran mentira, de la que somos partícipes porque nadie quiere mostrar la verdad, porque eso no da tantos *likes.*

Cuando pienses que tu existencia es una mierda, fíjate en cuántas horas acumulas en redes y después deja el móvil y ¡sal a la calle! Entra en el metro, ve a comprar el pan o simplemente pasea. Observa el resto de los cuerpos, los que predominan, y busca activamente la belleza en ellos. La belleza de la diversidad, de la naturalidad, de la realidad. De la que formamos parte. Esa belleza tangible.

Por supuesto, los cánones de belleza están en todas partes, aunque la llegada de las redes sociales los ha reforzado todavía más.

Hace unos años los vibradores eran unos conejitos horribles que parecían la feria de tu pueblo; con perlas que rotaban, luces estroboscópicas que cambiaban de color, movimientos circulares y ningún tipo de curvatura para estimular la zona G. Los fabricantes —hombres— entendían que el placer nacía de la polla y de la penetración, por lo tanto, diseñaron unas pollas galácticas para que pudiéramos tener los mayores orgasmos de la historia. Por supuesto, el resultado fue nefasto, porque a la gran mayoría de las consumidoras no las satisfacía en absoluto.

No fue hasta años más tarde cuando se empezó a reivindicar que el placer nacía del clítoris y que este era el gran protagonista. A nadie le sorprenderá que en el desarrollo del juguete erótico más exitoso de todos los tiempos haya estado muy presente una mujer. De ahí nació una nueva tecnología a base de pequeños golpes de aire controlado que rebotaban en la zona y generaban un estímulo alucinante. No hacía falta penetración (¡magia!). Muchas tenían orgasmos en menos de un minuto. Había nacido el succionador de clítoris.

Los cánones de belleza son una polla galáctica. Imágenes que nacen del imaginario principalmente masculino, de lo que para ellos debería ser la belleza de una mujer, con atributos erotizados: labios carnosos, pechos grandes, culo firme, vientre plano, piel suave... Y moldean todo eso a su antojo, sin una base realista sobre la que poder sostenerse.

Por supuesto, los cánones no son exclusivos para las mujeres; la otra mitad de la población también los sufre. Hombres que buscan estar musculosos, bien marcados y muy masculinizados.

Lo curioso es que esos cánones de belleza masculinos, al contrario de lo que puedes pensar, no los han establecido las mujeres —establecido, que no perpetuado—. Ellos mismos los han construido como el ideal de lo que debería ser la belleza en un hombre, exaltando también atributos erotizados. En este caso la lista es más corta: los músculos.

Lo que no es debatible es que haya igualdad de opresión. Nosotras estamos sometidas a una constante retahíla de *deberías* infinitamente superiores a los de los hombres.

Sin hablar del miedo constante que tenemos nosotras a envejecer y la tremenda distorsión que hay, lo alejada que están la belleza y la atracción de ciertas edades y, sin embargo, lo socialmente sexy que se supone que es un hombre a los cincuenta, porque ellos son *como el buen vino* y nosotras simplemente una cerveza que te tomas de golpe bien fría, no vaya a ser que se caliente demasiado y ya no sirva.

Si pudiéramos escoger nuestros cánones de belleza, ¿acaso no nos representaría lo más parecido a nosotras mismas, a nuestra esencia? Quizá si eso sucediera, el sentido de la belleza daría un volantazo hacia la naturalidad.

Y si entonces, en vez de escoger la polla galáctica, inventáramos el succionador de clítoris de los cánones de belleza, ¿cómo sería la belleza de las mujeres construida por y para las mujeres?

¿Cómo sería la belleza construida por y para ti?

De la diversidad a la unificación femenina

A pesar de que la belleza ha ampliado horizontes y se ha diversificado ligeramente —aunque es obvio que queda por delante muchísima más reivindicación y espacio para toda la amplitud racial y corporal—, a veces tengo la sensación de que las redes sociales han unificado todavía más la belleza.

Desde hace unos años el canon de belleza se ha establecido drásticamente, normalizando los retoques y las operaciones estéticas. Ya no estamos hablando de que se lleven los pantalones campana o pitillo, no. Estamos reduciendo el cuerpo a una moda, y el cuerpo no es algo que puedas usar unas temporadas y tirar.

Al mismo tiempo, se establece un elitismo en el acceso a la belleza, que si antes era una posibilidad, ahora es una obviedad. La gran mayoría de las personas mortales no se pueden gastar parte de su paga mensual en pincharse ácido hialurónico en los labios o ponerse bótox. Esto homogeneiza a las personas e idealiza la medicina estética: si accedes a estos tratamientos, significa que tienes dinero y, por ende, eres guapa. Aparentar el nivel adquisitivo es algo que siempre se ha hecho, sobre todo a través de la ropa. Ahora eso ya no sirve, cada vez hay más imitaciones: el cuerpo es el nuevo bolso de marca.

Es interesante reflexionar sobre en qué momento hemos aceptado que la tensión facial y la falta de expresividad es algo que alcanzar. En qué momento vemos más atractiva una cara que parece irreal que una con arrugas. En qué momento tenemos miedo de sonreír para prevenir el envejecimiento.

Estamos perdiendo la naturalidad del cuerpo, la diversidad de la belleza física y la capacidad de expresar emociones no verbales por entrar en un modelo que denota más que nunca la desigualdad social.

Operaciones estéticas y los muebles de Ikea

Tengo una operación estética. Era 2021 cuando tomé la decisión de hacerme una frontoplastia, una reducción de la frente, que se consigue gracias al avance de la línea capilar.

Llevaba ocho años dándole vueltas y parte de mi vida con un complejo tremendo. Al final decidí meterme por primera vez en un quirófano y proceder a la modificación física tras años de terapia. Desde entonces, me despedí del flequillo, de los turbantes y de la obsesión. Me dejé mi rizo natural y el pelo largo que siempre había querido.

No voy a romantizar ni a alentar a nadie a que se someta a una operación estética. Yo no volvería a entrar en un quirófano por ninguna otra parte de mi cuerpo, y eso que tengo un pecho bastante más grande que el otro. Pero entiendo que hay complejos que son tan protagonistas que, a veces, es la única solución factible. Y está bien, es nuestro cuerpo, podemos hacer con él lo que queramos, pero cuidado.

Veo los cambios físicos como reformas del piso que se nos da al nacer: el cuerpo. Ese apartamento que será hogar durante el resto de nuestros días y que decoramos, amueblamos, cambiamos, reformamos, limpiamos o ensuciamos mientras vivimos en él. La búsqueda de nuestra identidad sería como transformar ese refugio conforme a nuestro gusto. La mala noticia es que existen los catálogos que nos dicen cuál es la tendencia a seguir y cuáles son los muebles que todas debemos tener en nuestra casa: los muebles de Ikea. Al final acabamos con pisos idénticos unos a otros, porque nos han dicho que es el mejor decorado en el que vivir.

Está de más aclararlo, pero, por supuesto, un cuerpo no es lo mismo que un piso, aunque ambos sean hogar.

Hipervigilancia

Todos estos cánones establecidos generan una hipervigilancia constante de nuestro físico. A veces nos asalta la inseguridad si ha pasado mucho tiempo y no percibimos cómo está nuestra imagen, si tenemos el *eyeliner* corrido o el pelo revuelto. Nos hacemos mil fotos hasta que sale el cuerpo que consideramos atractivo. Nos reflejamos en un escaparate y vemos que el bajo vientre está inflamado o el culo no tiene la redondez que *debería,* y, en silencio, nos castigamos por ello.

Este pensamiento recurrente sobre el físico genera una ansiedad que se alivia con el contraste recurrente de nuestra imagen. Cuanto más queremos que nos elijan, nos deseen o nos amen, más nos obsesionamos con el exterior, más validación buscamos y más exigencias cargamos sobre las espaldas, sacrificando de esta forma nuestra comodidad ante lo que pide el canon.

Es posible que no seamos conscientes de la sintomatología implícita en la hipervigilancia física. Somos incapaces de relajarnos, aumentan el estrés y la ansiedad. Nos obsesionamos sigilosamente para después apoyarnos en el control de la ropa, la comida, el deporte, entre otros, y también en los filtros y los retoques fotográficos. La dinámica modifica nuestra vida diaria y estamos tan inmersas y tan acostumbradas que ni nos damos cuenta. Es más, la búsqueda del canonicismo nos lleva a observar al resto, y nos convertimos en despiadadas juezas del holograma cuando alguien no entra en el canon. Dejamos comentarios despectivos en redes sociales y nos sentimos las defensoras del pueblo. Opinamos libremente del cuerpo de las demás sin tener en cuenta el efecto evidente en su salud mental. Nos burlamos o señalamos, ya sea verbalmente o de forma gesticular, a otras mujeres que deberían estar y ser de un modo, como nosotras, como todas. De ahí que seamos hipervigilantes con nosotras, sin duda, pero también con las demás.

LA REGLA DE LOS 5 SEGUNDOS

Para esto hay un ejercicio maravilloso que deberíamos aplicar, especialmente con nosotras mismas: la regla de los 5 segundos. Si aquello que vas a decir sobre el cuerpo de la otra persona no se puede modificar o solucionar en 5 segundos, mejor cállate la boca. Por ejemplo: si una persona tiene un moco, en 5 segundos puede deshacerse de él. O tiene el labial corrido, un pelo rebelde o la camiseta del revés. Sin embargo, decirle que está gorda, que le han salido arrugas nuevas o que tiene una nariz gigantesca no es algo que en 5 segundos se pueda cambiar, ¿verdad? A veces se nos olvida que la gente tiene espejos en casa y no sabemos lo que nuestro comentario *inofensivo* es capaz de provocar.

V

EL PERMISO DE LA ELECCIÓN

Para permitirnos ser, primero tenemos que elegir qué queremos ser. Y en eso de elegir no somos expertas. Es sencillo, se nos ha limitado durante siglos el acceso a la elección. Básicamente nosotras aguantábamos lo que la vida nos ofrecía y en eso tenemos un tremendo máster. Tal vez por ese motivo, de algún modo ancestral, somos las grandes persistentes, las que no podemos parar de regalar decimoterceras oportunidades al pedazo de mierda con calzoncillos rotos que contesta a nuestra crisis emocional con un «es que, pf, no sé qué decirte». Aguantamos todo, todo lo que nos han enseñado a soportar, porque durante muchos siglos hemos aprendido que más vale aceptar lo que nos ha tocado que creer que merecemos más; porque, puestas a merecer, quizá no merecemos tanto, ¿verdad?

Somos expertas en elegir los cuidados de nuestro entorno porque somos las mayores cuidadoras de la historia, pero en lo que a nosotras se refiere, suspendemos con bastante diferencia. Escogemos la ropa de nuestro hijo con una apabullante rapidez, pero somos incapaces de decidir si este *top* o este otro nos sienta mejor para salir por la noche. Regalamos los mejores consejos a esa amiga que no sabe qué hacer con su vida, pero no sabemos si queremos vino blanco o tinto. Nos alegramos exageradamente por el ascenso de nuestro compañero, pero sacudimos los hombros cuando nos halagan por nuestro éxito laboral.

Hemos aterrizado en un rol pasivo ante la vida, que se traduce en aguantar, persistir, perdonar, cuidar, arreglar, callar, priorizar. Atendemos una lista de tareas para el entorno en el que nos encontramos y nos dejamos a nosotras para el final, y ya si eso. ¿Cuántas veces te has puesto en un último puesto solo durante el día de hoy?

Desarrollar una identidad propia, la tuya, la que habita en ti, es un trabajo doble. Primero debes darte permiso para elegir lo que quieres, y segundo, priorizarte ante el resto. Tal vez pienses que es una actitud egoísta y que no te pondrías antes que tus hijos, por ejemplo. Pero detrás de ellos vienen tus padres, tu pareja, tu trabajo, tu dinero, tu hogar, tu estabilidad, tus estudios, tus tareas de adulta funcional, tu gato, tu vecino, tu patata pocha al fondo del frutero que echa raíces sin éxito. ¿Y tú, dónde estás?

La profecía de la autoexigencia

Ese dolor de cervicales tan agudo que sientes, la cabeza dándote vueltas sin parar y las lumbares sobrecargadas son los frutos fantásticos de la autoexigencia. Las mujeres vivimos sometidas a un flujo de estrés constante alimentado por esas prioridades, por ese sinfín de tareas que se entremezclan unas con otras y que no terminan... ni cuando nos metemos en la cama.

La negación del acceso a ciertos espacios ha hecho que, en la actualidad, carguemos, además de con las tareas que hemos aguantado durante siglos, con las nuevas tareas de la vida moderna. En la gran mayoría de los casos, ya no solo tenemos un trabajo o unos estudios, sino que, además, debemos sacar tiempo para las amigas, ir a clase de yoga y pilates, hacer la compra, restaurar un mueble antiguo para nuestra casa, leer, escribir el diario de manifestaciones, hacernos el batido de TikTok con todas las frutas antioxidantes, dedicarnos a la rutina de *skin care* o el yoga facial, emprender, contestar los mensajes de Tinder, sacar al perro, hacer *running* y un laaaaaargo etcétera que inunda nuestros días de autoexigencia.

La profecía de esta autoexigencia se basa en la continuación necesaria de todas las tareas, porque, de lo contrario, no resultarás elegida o te dejarán de querer. Pierdes puntos de *mujer perfecta*. Basas tu identidad en una lista infinita de deberes como forma de pedir perdón por ocupar un espacio. Pero ¿acaso eso de ser una mujer todoterreno que todo lo puede y todo lo soporta es algo que te hace feliz? ¿Qué medallas de honor te van a dar por sobrecargarte de esta forma? ¿En qué momento del día estás en tu momento?

Sé que dejar a un lado todas estas tareas es utópico. En la vida adulta debemos hacer ciertas cosas que son una mierda, la verdad, pero tenemos que hacerlas sí o sí. Pero, más allá de las obligaciones básicas para poder sobrevivir en este mundo, nos exigimos incluso en el ocio y el bienestar. Esto da como resultado que sigamos incluyendo en la lista eterna de tareas aquellas que son beneficiosas para nosotras, pero que terminamos experimentando desde el *hacer* y no desde el *disfrutar*.

El deporte es esencial para preservar la longevidad y la salud, pero, cuando se convierte en una obligación para mantener el abdomen plano y el culo en alto, estamos priorizando, de nuevo, la identidad modélica. Una buena rutina de *skin care* puede ser un autocuidado fantástico para la piel y la mente, pero, si nos entra ansiedad el día que no podemos hacerla porque pensamos que nos saldrán arrugas, estamos priorizando la identidad modélica.

La estampa de *mujer perfecta* ataca todos los aspectos de nuestra vida. Cuando convertimos algo asociado a nuestra diversión y placer en una tarea más, estamos eligiendo al resto por encima de nosotras. Cuando el autocuidado nos motiva para entrar en el canon, estamos eligiendo el sistema por encima de nosotras. Cuando la falta de tiempo propio y la desconexión personal se agrava con la inundación de deberes sociales, profesionales y físicos, estamos eligiendo a la *mujer perfecta* por encima de nosotras, a pesar de nosotras.

Al final, en esta inmensidad de resoluciones y conflictos, de quehaceres y obligaciones, lo único que conseguimos es mirarnos al espejo y no reconocer a quien hay detrás. Qué le apasiona a esa persona, qué busca, qué le satisface, qué piensa, qué sabe, qué sueña. Quién es.

Mantenernos muy atareadas es la herramienta perfecta para alejarnos de la identidad real y de nuestro interior.

Y si eres madre o emprendedora, no te olvides de cuidar de la mujer que decidió ser un canal de vida y de sueños. Eres prioridad, recuérdalo: sin ti no eres.

La edad, el detonador de la identidad modélica

A los veinte tienes permiso para hacer lo que quieras y vestir como quieras, pero nadie te va a tomar en serio, porque sigues siendo una joven con la cabeza perdida. A los treinta la cosa se empieza a calmar: debes buscar una estabilidad laboral y relacional, plantear una maternidad y, al mismo tiempo, salir con tus amistades o dejarte llevar por alguna aventura loca. Pero a los cuarenta la vida gira alrededor de la familia y es el momento de desechar los sueños de juventud, puesto que..., ya sabes, vas tarde.

A los cincuenta entras a formar parte de la población infértil y, por ende, ya no hay espacio para sentirte deseada ni para desear. A los sesenta vas encarando la jubilación y, quizá, encontrando tu nuevo papel como abuela. A los setenta simplemente sigues una rutina establecida que te llevará hasta el día de tu muerte, y así pasarás el resto de tus años, negándote la diversión o el placer, porque no son cosas que deba hacer una mujer en la vejez.

Por supuesto, estoy hablando en términos genéricos, los mismos con los que nos han bombardeado día sí y día también. Es posible que en tu interior tengas clarísimo el estilo de vida que quieres llevar, pero esa vocecita interna te perseguirá en cada momento, juzgando si puedes o no puedes hacer algo.

No creo que haya una edad para cada cuestión. Puedes encontrar tu vocación a los sesenta, puedes desconocer si quieres ser madre a los cuarenta y no querer salir de fiesta a los dieciocho. Cuando aceptamos que en cada edad existen unos *deberías* ajenos a nosotras, vivimos la existencia con mucha más calma y plenitud, sobre todo si identificamos que eso no nos pertenece.

Nos debemos el permiso de envejecer desde la dignidad, ser merecedoras de la libertad de elección en cualquier momento, a cualquier edad. Nos merecemos mirarnos al espejo y vernos arrolladoras, vitales, poderosas; más allá de las arrugas o de las tetas caídas. La dignidad de envejecer orgullosas de nuestra identidad y de todas las decisiones que hemos tomado.

No nos neguemos la elección, que no sea demasiado tarde. Esta también es nuestra y nos pertenece, por más que nos la hayan negado durante siglos.

VI

SER YO SIN MÍ

El nacimiento de mi identidad tiene relación con el mundo espiritual. Ya desde niña, con solo seis años, practicaba hechizos y tenía una percepción más amplia de la realidad.

Las experiencias místicas recurrentes me llevaron a entender quién era y de dónde provenía, y eso hizo que me sumergiese en el estudio de las civilizaciones antiguas. Pero todo esto lo llevaba en secreto; de algún modo me daba vergüenza lo que la gente pudiera pensar de mí y de mis creencias, especialmente de mi profesionalidad como periodista.

El giro más drástico tuvo lugar en 2022, cuando decidí tatuarme el brazo derecho con símbolos y deidades de la mitología egipcia e hinduista, las dos vías místicas con las que más conecto. En esa época estaba absolutamente obsesionada con el poder y creía que este tenía una forma de identidad muy concreta que *performé* durante años.

A los dos días de tatuarme estalló todo por los aires. Fue mostrarlo en redes sociales y sentir que estaba desmenuzando el alma entera para el público. Todas mis creencias me iban a acompañar e iban a estar retratadas en el brazo de mis firmas, de mis pajas, de mi máxima confianza y movilidad funcional. Empecé a pensar que ningún hombre se fijaría en mí porque ahora llevaba el brazo tatuado, es decir, porque ya no representaba ese arquetipo que me habían introducido hasta la base de mi cráneo día sí y día también. Mi carrera tenía los días contados porque, ¿quién iba a creer a una fuma inciensos?

Tenía dos opciones factibles: hacerme el láser y borrar todo lo que para mí significaba tantísimo, como una forma de sumisión ante los arquetipos que me esfuerzo tanto en destruir; o tirarme al vacío y aceptar lo que soy y lo que he venido a ser. Fue un *click* interno, muy preciso. Me arriesgué, porque si no lo hacía, nunca —jamás— hubiese sido capaz de mirarme al espejo; siempre sabría que un día fui yo misma en mi totalidad y, por miedo, preferí entrar en la mirada sistémica. Esos meses empecé a vestir distinto, como siempre había deseado, fusionando la moda ancestral de esas civilizaciones que tanto me apasionan con la moda actual.

Desde entonces, he sido fiel a mis creencias, mi identidad, mi propósito. De algún modo, en todo ese tiempo, quise ser yo sin mí. Sin mi verdadera persona, sin la totalidad de lo que soy y alcanzo. De algún modo, era un yo a medias, simplemente en búsqueda de la aceptación social.

Sin embargo, esto no es una varita mágica; un trabajo que, una vez lo integras, ya está hecho. Todavía sigo en una lucha constante por atender mi mirada y no la del resto. Y, créeme, en varias ocasiones me castigo por haber dado un volantazo a mi carrera y recorrer el camino de mi identidad. Cuando las visualizaciones bajan, los ingresos se frenan, los *haters* me consideran líder de una secta o los ligues desaparecen; cuestiono mi forma de ser, en primer lugar, y repito frases sin sentido como «desde que hice este cambio, mi vida ha ido a peor», «he enterrado mi carrera profesional», «ya no resulto atractiva» y un laaaargo etcétera. Y en cuanto entro en ese bucle sin sentido, en esa flagelación intensa contra mí misma, siempre me arrepiento de mi tatuaje. Ese es el primer síntoma de que el sistema, las identidades modélicas y el miedo a no ser la elegida por el resto; empieza a devorarme por dentro. Gracias a eso, puedo tomar conciencia y salir antes de que sea demasiado tarde.

De hecho, este relato lo estoy escribiendo desde mi mayor vulnerabilidad por miedo a ti, querida personita que lees del otro lado, y a tu opinión sobre mí. Pero quizá, con el paso del tiempo, esta inseguridad se vaya desvaneciendo. Lo único que tengo clarísimo es que, cuando llegue el día de mi muerte, me miraré en el espejo y me reconoceré. Y eso, no tiene precio alguno, ese es el verdadero éxito.

VII

SER TÚ SIN TI

Es inevitable que los demás tengan una opinión; cuanto más te empeñes en cambiarla, más frustración sentirás. Lo que está en nuestra mano, a corto plazo, no es enfadarnos porque los demás piensen de ese modo, sino elegir lo que hacemos nosotras con esas opiniones y cuánto nos limitan. La responsabilidad directa la tienes contigo misma, no con los demás.

Como seres sociales que somos, la necesidad de pertenecer a un grupo es básica, pero se puede lograr desde otro lugar: desde la diversidad.

Tendemos a observar y catalogar enseguida a las personas. Es casi algo innato, sí, pero es injusto. De ahí que, cuando conocemos a alguien que se sale de la norma, se nos reinicie el Windows. Nos resulta más fácil halagar algo conocido que algo que nos impacta por su novedad, porque ante eso no sabemos qué hacer. Como si tuviéramos que hacer algo.

¿Crees que recurres a las redes en busca de esos ojos que admiren tu ser? ¿Crees que eres adicta a la opinión externa, y esta, silenciosamente, modifica tu identidad para adaptarla a lo que más validación te da?

No dejes que los demás decidan algo tan vital, tan poderoso, tan imprescindible como tu identidad. De lo contrario, ya no estás, ya no eres; simplemente representas. Y en la representación hay algo de ti, pero sin *tú*. O hay algo de *tú*, pero sin ti. Por miedo al resto te quedas en la superficie de la absoluta inmensidad que puedes llegar a ser.

Tu autoestima como la *ectoestima*

Hace un tiempo, mi autoestima dependía directamente de dos pilares: el trabajo y los hombres. Cuando cerraba contratos, me entraba dinero o se viralizaba un vídeo, me sentía orgullosa de mí misma, me veía fantástica, fuerte, imparable. Si de repente salía de fiesta y no ligaba, me aferraba al éxito laboral. Cuando esto cambiaba y las cosas a nivel profesional se detenían, buscaba el chute de autoestima en otro lugar: en unos ojos masculinos que me desearan. Cuando los encontraba respiraba aliviada, seguía siendo interesante. Este fenómeno convierte tu autoestima en algo externo y ajeno a ti, dependiente del mundo, algo que he bautizado como la *ectoestima*.

En tu caso, mira hacia tus adentros y pregúntate, ¿con qué validas tu autoestima? ¿Cuándo te quieres más y cuándo menos? ¿De qué depende?

Si ligamos la autoestima a métricas externas, llega un punto en el que nada es suficiente, en el que la dosis necesaria siempre es más y más alta. Buscamos en lo externo algo que nos confirme que vamos por el *buen camino*, que somos poderosas, bellas, inteligentes, exitosas. Si no encontramos ese refuerzo, la autoestima se rompe en mil pedazos y nos odiamos a nosotras mismas.

Desprendernos de esto no es nada sencillo, se trata de abandonar un patrón muy integrado. A las mujeres nos han enseñado que lo de fuera es mucho más importante —infinitamente más— que lo de dentro. Casi estamos obsesionadas con el qué dirán en mayor o menor medida.

La mala noticia es que, aunque el exterior nos ofrezca un chute impresionante de adrenalina y de amor propio, tiene fecha de caducidad. Llegará un día en que nuestros cuerpos envejezcan, nuestro trabajo se acabe o cambie, tengamos una lesión o una enfermedad o, sencillamente, tomemos consciencia del poder que les hemos dado a los demás sobre nosotras mismas. A largo plazo, la validación externa nos hará llevar a cabo cualquier cosa con tal de ser, de nuevo, las elegidas por ojos ajenos. Y eso es muy peligroso.

¿Hasta dónde llegarías para volver a sentirte vista por el resto? ¿Y por ti?

DON'T fake it 'till you make it

Hace un tiempo se hizo viral un vídeo de Rihanna donde contestaba a una entrevista en una alfombra roja. La periodista le preguntaba qué hacía cuando no se veía fuerte, empoderada o segura de sí misma. La cantante titubeó durante unos segundos antes de contestar: «Fingir, o sea, ¿por qué no? Es eso o llorar hasta dormirme. ¿Quién quiere hacer eso? Te levantas con los ojos hinchados al día siguiente. Es malgastar las lágrimas». Casi de inmediato, un montón de chicas se grabaron imitando a Rihanna y ese audio se hizo conocidísimo en TikTok. Esa respuesta fue aplaudida por millones de personas, que la calificaron de altamente empoderadora. Pero ¿de qué sirve fingir?

Las mujeres tenemos un doctorado en el arte de fingir. Llevamos toda nuestra existencia —y la de nuestras antepasadas— haciéndolo. En parte, es lógico: ha sido una herramienta que nos ha mantenido a salvo durante las épocas en las que nuestros derechos y, por ende, nuestra seguridad, no estaban garantizados. Fingimos que todo estaba bien, que estábamos encantadas con el papel de ama de casa, cuidadora y juguete erótico de los hombres. Fingimos que no nos interesaban la cultura, el conocimiento, la igualdad, la independencia, la libertad. Y aunque todo esto, hoy, nos pueda sonar un tanto lejano, seguimos fingiendo, por ejemplo, los orgasmos, para preservar egos. Seguimos fingiendo una risa nerviosa cuando alguien se sobrepasa con nosotras o nos hace un comentario que nos pilla desprevenidas. Fingimos que no nos han tocado, manoseado, acosado y abusado de nosotras incluso violado. Fingimos que somos más tontas que nuestros compañeros para no ejercer una sombra sobre ellos. Fingimos que queremos cosas que no queremos y que no queremos cosas que queremos.

Con la identidad pasa un poco lo mismo: creemos que, si lloramos hasta quedarnos dormidas porque hemos tenido un día horrible, ya no seremos las mujeres fuertes y confiadas que se comen el mundo. Y por más que Rihanna haya soltado esa frase, estoy convencida que más de una noche se habrá levantado con los ojos hinchados de tantas lágrimas, pero finge que a ella, eso no le pasa.

Estas identidades lucen fenomenal, se aplauden con facilidad y te mantienen en una mentira que incluso tú misma te llegas a creer. La frase «*Fake it until you make it*» ('Finge hasta que lo consigas') nos ha calado muy hondo. Las redes sociales han hecho uso y abuso de esto, casi tanto que podríamos decir que prácticamente es la filosofía de la cual se nutren.

Fingimos para no poner en duda, ni en riesgo, lo que somos en realidad. Y esto no preserva la identidad, porque su totalidad incluye algo mucho más básico: que eres una persona, como nuestra querida Rihanna. Intentamos con todas nuestras fuerzas no ser humanas y eso nos pone contra nuestra propia naturaleza.

La identidad constituye nuestra humanidad. Esta es innegable y, de hecho, sostiene las bases de lo que eres. Es un buen inicio para empezar a conocer quién hay detrás.

Es hora de volver a ti para ser tú.

VIII

LOS CIMIENTOS DE TU IDENTIDAD

La importancia vital de consolidar unos cimientos en quien realmente eres es fundamental para no perder el foco cuando otra persona está delante de ti. Y esos cimientos se construyen sobre la base del amor y la aceptación.

¿Por qué crees que siendo diferente serías mejor? ¿Por qué todo lo que es ajeno a ti, externo a tu ser, ya merece más respeto? Hay una sutileza en el odio propio que se va graduando con el paso del tiempo, en mayor o menor medida, a través de la admiración hacia los demás y la sensación de estar en el subsuelo. Esa jerarquía propia es la que constituye el merecimiento, la autoestima, los límites y, en muchas ocasiones, el propio autocastigo a través de micro —o macro— maltratos que nos infligimos con lo externo, o incluso con lo que fuimos en el pasado.

De ahí que los cimientos de tu identidad sean tan revolucionarios —y necesarios— a lo largo de tu vida, para conectar con la increíble persona que ya eres, sin compararte con la versión pasada, futura o ajena.

Bien, ¿cómo construimos unos buenos cimientos? ¡Vamos a por ello!

SOY UN SER MORTAL

Primero, dándote el permiso de ser lo que quieras ser. Sé que parece fácil, pero es la parte más jodida. Para esto, una de las grandes estrategias internas que utilizo es sencillamente pensar en la muerte, una medida drástica para lanzarme a ser y hacer lo que quiera. Así de radical soy, amiga, qué quieres que haga.

La muerte nos llegará tarde o temprano, e independientemente de tu filosofía al respecto, sin duda, supondrá un final para el ego. Todo lo que te preocupa, te fascina, te rompe, te alegra..., absolutamente todo tendrá un punto final. Más tarde o más temprano, es el camino que recorremos como seres humanos en esta tierra. Sin embargo, vivimos como si eso nunca fuese a pasar.

Te propongo un ejercicio muy poderoso.

- Si te quedara un año de vida, ¿qué harías?

  ____

  ____

- Si te quedara un mes de vida, ¿qué harías?

  ____

  ____

- Si te quedara un día de vida, ¿qué harías?

  ____

  ____

- Si te quedara un minuto de vida, ¿qué harías?

  ____

  ____

Ahora que has respondido a estas preguntas, con la muerte en la cabeza, te voy a desvelar para qué sirve esto, más allá de para traumatizarnos.

Lo que has escrito en ese minuto de vida resume tus valores, creencias y vínculos más cercanos. Esto ofrece claridad sobre tus prioridades y puede inspirarte a hacer cambios en tu vida actual, asegurando que vivas alineada con tus verdaderos deseos y valores. Aquí conoces tu identidad en esencia, quién eres y qué es de vital importancia, qué no puede faltar en tu vida.

Lo que has escrito en ese día de vida tiene relación con lo esencial, tus prioridades reales, el amor y tus placeres. Seguramente hayas escrito planes que te brindan paz y alegría inmediata. Aquí te encuentras con tu identidad del placer y la presencia, qué anhelas en tu presente y qué acciones debes tener en cuenta en tu día a día.

Lo que has escrito en ese mes de vida se conecta con los deseos pendientes, la jerarquía de las necesidades propias, los sueños a corto plazo y tus propósitos más rápidos de cumplir. Aquí tu identidad se asocia con un primer paso hacia lo que deseas en realidad, te da algunas pistas para atreverte a empezar la vida que deseas.

Lo que has escrito en ese año de vida abraza tus verdaderos sueños, aquellos que requieren más tiempo y esfuerzo, así como las contribuciones más significativas que quieras para ti y para el resto. Esta es tu identidad con el propósito profundo, lo que te gustaría tener para toda tu vida.

Si esto sucediera de verdad, tal vez nos permitiríamos el lujo de ser nosotras mismas, de encarnar la identidad que siempre hemos querido. Sin duda, no aguantaríamos tanta mierda, nos pondríamos en primer lugar ante infinitas situaciones y no perderíamos la oportunidad de, como decía un antiguo y querido vecino que batallaba contra el cáncer, «coger el limón y exprimirlo».

En realidad, lo que más deseo para ti es que, cuando estés rozando con los dedos el frío de la tierra, lo hagas en paz con tus decisiones, tus experiencias y tu identidad. Que en ese momento no se atraviese el arrepentimiento, sino la felicidad de haberte dedicado lo más preciado que tienes: tu vida a ti misma.

La muerte nos da el permiso de vivir cada día un poco más. Que el permiso que te da un fenómeno inevitable que nos persigue a cada segundo no sea en vano.

Que la muerte no te pille con los sueños olvidados.

De creyente a observadora

Para construir unos buenos cimientos hace falta bucear en nuestro interior. Y ahí aparece otro de los grandes miedos de la humanidad: la introspección. Es más fácil seguir metiendo toda la mierda bajo la alfombra que ordenar de una vez la habitación. A través del autoconocimiento se reduce la posibilidad de buscar ser otras personas. Eso nos hace más libres. O menos encarceladas.

Escucha tus pensamientos desde arriba, como si fueses una entidad superior que pudiera analizar lo que tu mente dicta. Este es el primer paso para darte cuenta de patrones de repetición y tendencias que usan tu mente y tu ego para mantener ciertas drogas emocionales: relaciones tóxicas, adicción a ser vista y deseada, el perfeccionismo para ser querida, la cuidadora para ser aceptada, y un largo etcétera que veremos con más detenimiento, y al que pondremos solución, a lo largo del libro.

No te creas todo lo que te dice tu mente: siempre te lleva al camino conocido. Si quieres cambiar tu vida, debes observar cómo te hablas, cómo te tratas, qué buscas, cómo se reproducen tus pensamientos, cómo se disparan los bucles emocionales...

Conviértete en tu mayor conocedora, exploradora de tu mente, y observa el mapa de tus tendencias. Así también podrás ver lo que no te permites y lo que realmente quieres para ti.

Supera el miedo a no ser querida

Nos pasamos la vida soñando, de forma consciente o inconsciente, con una persona que nos vea, nos aprecie y nos ame. Este es el deseo de ser amadas.

Todas tenemos el miedo interno de no ser suficientes y, por lo tanto, de no ser queridas. De no merecer el amor de esa persona por lo que somos, porque esto que somos no es algo que contenga valor. Es más valioso lo que hacemos. Y de ese modo se activa el patrón de «dar para merecer», y cuidamos, cuidamos a los demás, cuidamos por encima de nuestras posibilidades; lo damos todo para que, al final, sigan sin querernos.

¿Qué pasaría si, sencillamente, no dieras tanto? ¿O dieras conforme a lo que recibes? ¿Qué pasaría si te vieras como una mujer merecedora de amor por lo que ya eres y no por lo que anhelas ser o lo que nunca serás o lo que te han dicho que debes ser? Toda esta lista destruye tu amor propio, y sin amor propio no hay reclamo de merecimiento. Cuanto menos te quieras, menos creerás merecer y te conformarás con las migajas de mierda que constituyen tu vida.

Mantenernos en la escasez, en la caridad, nos induce miedo, y con miedo somos capaces de conformarnos con cualquier cosa, de aceptar situaciones que nos siguen torturando, porque, tal vez, es lo que merecemos. Ese miedo a no ser amadas por no ser lo que quieren que seamos es lo que nos mantiene subyugadas al mismo sistema que nos oprime, al mismo fabricante de inseguridades eternas que nos torturan día sí y día también. El miedo es lo que nos hace reproducir a las *mujeres holograma* y nos aleja de nuestra identidad propia.

Si crees que no mereces ese amor es porque realmente no te lo estás dando a ti misma. Y esto es un paso primordial, y, sí, vale, no es nada fácil. No sales una mañana a la calle diciendo: «¡Vaya! Ya me quiero, *solucionao*».

Gira la mirada, hermana. De fuera hacia dentro: de ahí mereces amor. Construir una identidad es darte el permiso para ser la mujer de la que estarás enamorada el resto de tu vida. A la que admiras, a la que proteges, a la que defiendes, a la que le das el mayor valor de tu existencia, a la que seduces, a la que consientes, a la que cuidas... A la que amas.

Has vivido toda tu existencia con miedo a que los demás no te amen, pero ¿has sentido miedo de no amarte a ti misma? ¿Por qué buscas el amor en personas efímeras y relegas el tuyo propio, cuando eres eterna para ti?

El verdadero sentido del miedo está en observar el nulo amor que tenemos por —y para— nosotras. Y de esto sí que eres merecedora.

Alíate con tu ciclo menstrual

Nos han enseñado a odiar nuestra ciclicidad, lo cual es evidente, puesto que el mundo no está adaptado a nuestro ritmo natural. Por ello, nos enfadamos cuando la energía se atenúa o cuando el dolor reduce la productividad. Sin embargo, el ciclo menstrual ofrece una de las herramientas más poderosas para tu autoconocimiento y desarrollo.

Primero, debes aceptar que, durante todo un mes, vas a cambiar de estados energéticos y emocionales. Tu cuerpo te ofrece una serie de hormonas que, bien aplicadas, te proporcionan el acceso directo a tu propia identidad, además de una limpieza física y energética que nunca está de más.

Ten consciencia de tu ciclo y empieza a anotar qué síntomas y emociones percibes en cada momento. Aunque la gran mayoría compartimos cuatro estados distintos, estos cambian sus tiempos y efectos en cada mujer. Y, por supuesto, para conectar contigo misma es imprescindible que entiendas tu naturaleza.

El ciclo menstrual se divide en cuatro fases generales:

1. ***Fase menstrual*** **(*fase de la Bruja*).** Se empieza el primer día del sangrado, cuando te baja la regla. Aquí muchas mujeres experimentan dolor debido al proceso inflamatorio del útero y la vagina, pero la intensidad puede ser muchísimo más elevada si nos encontramos ante ciertas condiciones ginecológicas, como la endo-

metriosis. En estos días se reduce la energía, se induce un proceso de limpieza y de cierre del mes. Si nos desviamos a un movimiento más espiritual, a esta fase se la conoce como la «fase de la Bruja», puesto que tenemos mayor conexión con el más allá, con nuestro inconsciente y con nuestra sabiduría interna. Es un proceso de purificación corporal. Suele durar de 2 a 5 días, dependiendo de cada persona.

Consejos para este momento:

- **Prioriza el descanso al máximo.** Deja el entrenamiento a un lado, ve a dormir pronto y reduce la actividad todo lo que sea posible.

- **Adopta una dieta rica en nutrientes.** Incorpora a tu dieta alimentos ricos en hierro, como las espinacas, las lentejas, las semillas de calabaza, así como vitamina C (kiwi, naranja, mandarina...) y B (huevos, pescado, plátanos...) para fortalecer el cuerpo. La cúrcuma activada con pimienta negra funciona genial para la inflamación corporal.

- **Medita y visualiza.** Es un momento perfecto para adentrarte en ti e identificar todo lo que has aprendido en ese mes. A veces la meditación ayuda a reducir el dolor menstrual y promueve una conexión profunda con tu útero.

- **Aplica calor en la zona.** Ya sea con una infusión, una bolsa de semillas o de agua caliente, el calor en la zona del útero te ayuda a reducir el dolor y calmar el proceso. Que no te dé vergüenza llevarte tu kit menstrual al trabajo o de viaje, ¡tu bienestar es tu prioridad! Puedes darte un masaje con aceite de almendra mezclado con lavanda, manzanilla, salvia, menta, eucalipto o rosa; todos son antiinflamatorios.

- **Conecta con tu parte mística.** Escribe, canta o utiliza herramientas como la cartomancia (tarot, oráculos), el péndulo, las velas, el incienso..., todo aquello que te acerque a tu brujita interior.

2. ***Fase preovulatoria* (*fase de la Virgen*).** También se la conoce como la fase folicular; los niveles de estrógeno van aumentando, lo que estimula el crecimiento de los folículos en los ovarios. Este incremento hormonal también provoca un aumento en la energía y en el estado de ánimo. Se la llama la «fase de la Virgen» en contextos espirituales porque simboliza un tiempo de renovación, crecimiento, poder y nuevas posibilidades. Dura desde el día 6 hasta el 13 del ciclo, aunque depende de cada persona.

Consejos para este momento:

- **Prioriza tu entrenamiento.** En estos momentos podemos retomar el entrenamiento físico con calma y apoyarnos en nuestra energía para retarnos un poquito más.

- **Inicio de proyectos.** Puedes comenzar negociaciones, proyectos, reuniones, campañas..., ¡lo que sea! En esta fase estás mucho más social y energética, así que aprovecha para cargarte con aquello que más potencial requiere de ti.

- **Enfócate en tus metas.** Ten claras tus aspiraciones y ve a por ellas. Durante este momento sientes que puedes avanzar más con tu propósito y con la exposición al mundo. ¡Es el periodo de materializar!

- **Conecta con tu lado sexual.** La subida de estrógenos también favorece un aumento del deseo y de la exploración. Esto es ideal para abrirte a nuevas experiencias, a masturbaciones muy sensuales o a amantes potenciales.

- **Apuesta por el ocio.** Sal a bailar, queda con tus amigas para cenar, apúntate a clases que nutran tu desarrollo personal, retoma un hobbie y, viaja con tu pareja... Disfruta de unos días sociales y divertidos, tu energía te permite exprimirlos al máximo.

3. ***Fase ovulatoria (fase de la Madre).*** La fase ovulatoria, también conocida como fase de la Madre, es el período del ciclo menstrual en el que un óvulo maduro se libera del ovario y se encuentra listo para la fertilización. Los niveles de estrógeno alcanzan su pico y la hormona luteinizante (LH) aumenta significativamente, lo que

desencadena la ovulación. A nivel espiritual, esta fase se asocia con la fertilidad, la maternidad y la plena expresión del poder femenino. Suele comenzar el día 14 del ciclo y dura, aproximadamente, 4 o 5 días, aunque depende de cada mujer.

Consejos para esta fase:

- **Aumenta tu entrenamiento.** Normalmente esta fase suele estar muy asociada con una mayor energía y fuerza. Es el momento de aumentar la carga en el gimnasio o asumir retos físicos.

- **Honra tu cuerpo.** El cóctel hormonal te lleva a una mejora de la piel, el pelo, el cuerpo... ¡todo tu ser! Disfruta de tu belleza, hazte fotos, siéntete supersexy, sedúcete a ti misma. Es el momento de conquistar tu propio potencial.

- **Sexo, sí, pero con cuidado.** En esta fase tu fertilidad está en su pico máximo; por lo tanto, si no estás buscando un embarazo, ¡cuídate mucho! Aumenta tu deseo sexual, quieres explorar fantasías, te sientes muy sensual... Puedes aprender y aplicar prácticas que nutran tu adrenalina y tu liberación erótica.

- **Sé muy social.** La fase de la Madre se llama así por la calidez maternal que se instala en nosotras: nos cae bien todo el mundo, queremos cuidar y mimar... Somos como mamá pollo. Bien, aprovecha para acercarte a nuevas personas, reforzar los vínculos sociales y amar mucho a tu red afectiva.

- **Acción en el propósito.** Ya sea en tu ámbito laboral o creativo, es una energía poderosa de manifestación y materialización. Reuniones, eventos, nuevos contactos, ventas, exponer ideas... Todo lo que sea movimiento, energía, acción y público se te dará increíble.

4. **Fase premenstrual (*fase de la Hechicera*).** Los niveles de estrógeno y progesterona fluctúan y eso causa una variedad de síntomas físicos y emocionales. Tu energía se reduce, empiezas a inflamarte ligeramente, el cansancio es protagonista y, entre los días 17 y 19, hay un momento de máxima frustración en el que piensas que todo es una mierda y que eres la peor. Espiritualmente, esta fase se asocia con la introspección, la reflexión y la sabiduría interior. Es un tiempo para evaluar lo que no nos sirve y prepararnos para dejarlo ir, igual que una hechicera utiliza su conocimiento y poder para transformar y liberar. Esta es la fase más poderosa de nuestro ciclo, si sabemos utilizarla. Suele empezar en el 16-17 y finaliza en la menstruación, sobre el día 27-30.

Consejos para aprovechar esta fase:

- **Reduce tu actividad física y opta por la que priorice el estiramiento, la conexión corporal y la flexibilidad.** Si entrenas con pesas, prioriza las máquinas que te puedan sostener antes que las pesas. Si estás muy inflamada, no cargues peso en la zona pélvica. Es un momento de mantenimiento físico, no de crecimiento.

- **Adéntrate en tu sombra.** Unos días muy poderosos para hacer introspección, analizar tu vida, ver qué quieres y qué no... Durante este periodo, tu consciente y tu inconsciente están más cerca que nunca, por eso puedes acceder directamente a tu esencia y tu verdadera identidad. Haz ejercicios de autoconocimiento, lee o escucha un *podcast* que te nutra. Es una fase para saber quién eres.

- **Pon límites.** Después de la socialización extrema en la ovulación, en la premenstrual queremos estar cerca de las personas que nos importan de verdad. Nos damos cuenta de a quién soportamos y a quién debemos eliminar de nuestra vida. Hazle caso a tu intuición y pon límites a las personas que quieran aprovecharse de ti y de tu energía.

- **Transformación.** Date permiso para apoyarte en tu sabiduría, que está en su máximo apogeo, y traza un plan para transformar tu vida hacia aquello que deseas. No es el momento de tomar acción, es el momento de crear.

- **Creatividad, arte e intuición.** Pinta, canta, baila, ve a una exposición, escribe poesía... Tu sensibilidad artística está para ti, aprovéchala. Es la fase de la conexión con tu intuición y tu poder femenino. Hazlo tuyo.

Durante estos días siempre se nos ha ninguneado con esa frase que todas hemos escuchado alguna vez: «No le hagas caso, le va a bajar la regla». Es precisamente en esos días cuando tenemos más acceso a nuestra propia verdad, cuando somos inconformistas, protectoras, fuertes y poderosas. Esos límites, esa identidad, esa seguridad causan muchísima incomodidad en esta estructura social, por ello hemos pensado que estamos locas y que tenemos mucha sensibilidad. Incluso nosotras mismas hemos restado importancia a lo que decíamos o pensábamos, ¡y no! Es justo cuando más atención debemos poner a los pensamientos, intuiciones y sensaciones internas. Si quieres seguir con tu pareja, si te apetece cambiar de trabajo, si prefieres ser autónoma, si debes alejarte de ciertas personas... Anótalo todo, dale espacio, porque es tu propio inconsciente el que habla, eres tú en tu máxima versión.

Abraza el poder infinito de tu naturaleza.

IX

EN CONSTRUCCIÓN

Estos ejercicios son muy muy poderosos para conectar y proyectar la identidad que siempre has querido. Insisto, puedes leerlos y dejarlos para otro momento, pero hazlos, porque te ayudarán a construir una vida distinta, y esta empieza en ti.

CREA UN CUADRO DE INSPIRACIÓN

Nuestro exterior es un reflejo de nuestro interior. El cuerpo es un escaparate del alma y es un espacio sagrado que debemos cuidar y honrar. Al mismo tiempo, es lo primero que vemos de los demás y un gran anticipador de la identidad, de ahí que muchos de los impactos que recibimos las mujeres a lo largo de nuestra vida pasan por cómo debemos ser físicamente, desde la vestimenta hasta el tinte del pelo.

¿Qué es lo que te hace ser tú? ¿Qué elementos refuerzan tu identidad individual? ¿Cómo quieres proyectar tu interior al mundo?

Para ello, funciona muy bien un cuadro de inspiración que puedes desarrollar de distintas formas: empezar un tablero en Pinterest donde guardes elementos que inspiren cada parte de tu ser, recortar o imprimir imágenes y pegarlas en una libreta o en la pared, guardar detalles en un álbum de tu móvil, dibujar todo aquello que quieres proyectar y te inspira o escribir específicamente cómo te ves.

A pesar de que elementos como el maquillaje o la ropa se han utilizado durante siglos para controlar a las mujeres e incluirlas a la fuerza en el holograma correspondiente, en realidad son grandes herramientas artísticas e identitarias, si nos damos el permiso de usarlas como nosotras queramos, para reforzar y redefinir nuestra identidad personal.

Este cuadro de inspiración puede ser tu brújula para la consolidación de tu identidad más física y la carta de presentación al mundo.

Y, lejos del miedo al rechazo, tener una identidad fuerte, propia y bien arraigada te aportará muchísima seguridad en ti misma, una paz indescriptible ante la decisión, e irradiarás una fortaleza que te llevará a dar grandes pasos en la vida. Pero, sin edulcorar lo evidente, también te enfrentarás a la incomodidad de ser distinta, a la lucha con el hombre que vive en ti, ese gran dictador del bien y el mal. Combatir y transitar esto es la forma más poderosa de liberación.

BURBUJAS DEL PRESENTE Y DEL FUTURO

Uno de mis grandes ejercicios para conocer en qué momento estoy y dónde quiero ir. El mapa de las burbujas es una forma visual de plasmar tu realidad actual. En mi caso, lo hago cuando necesito afianzar la identidad y, sobre todo, comprender en qué punto se encuentra mi vida. Este ejercicio tiene más relación con la búsqueda de sueños, ambiciones y deseos que constituyen nuestra identidad.

Lo primero que vas a hacer es poner un puntito pequeño en el centro de una hoja. Esa eres tú. A partir de ahí, quiero que dibujes burbujas más grandes o más pequeñas, más cercanas o más lejanas, e indiques qué representa cada una dependiendo de lo importantes (en cuanto a tiempo, obligaciones o responsabilidades) y recurrentes que sean en tu vida. Este primer mapa de las burbujas será la representación de tu actualidad.

Tras eso, vas a dibujar el mismo puntito en el centro de otro papel, pero esta vez el mapa que dibujes responde a tu plan de futuro —ya sea a un año, tres o cinco—. ¿Cómo te gustaría que tus burbujas estuvieran distribuidas? ¿Existen nuevas burbujas que no has tenido en cuenta? ¿A qué distancia están y qué relevancia tienen en tu vida?

Actualidad

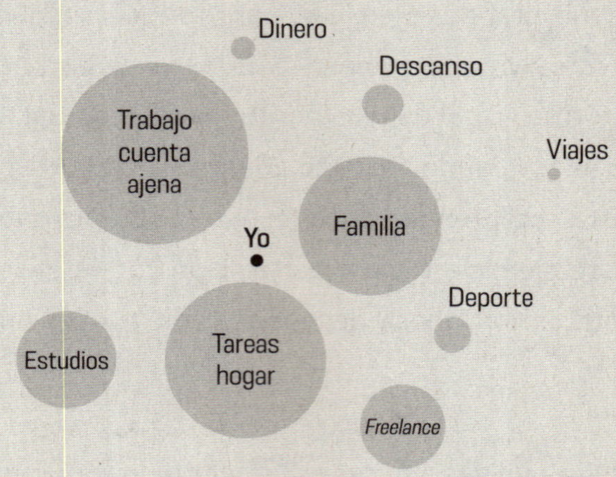

* Marta trabaja en una agencia como diseñadora mientras sigue estudiando haciendo cursos para ampliar sus capacidades. Ahora mismo, el trabajo por cuenta ajena y las tareas del día a día la dejan agotada. De ahí el tamaño de las burbujas y su proximidad.

Futuro (1 año)

- En 1 año, Marta quiere trabajar como *freelance*, seguir formándose más y priorizar el ocio, como los viajes y el deporte. En su horizonte, tiene pensado abrir una tienda física con diseños divertidos y *frikis*.

Esta es tu brújula para trazar el camino a tu futuro soñado, para entender qué cosas son importantes y cuáles no tanto, y cómo se constituye la identidad real que llevas dentro.

UN CAFÉ CON TU «YO» DEL FUTURO

Un ejercicio sencillo, pero altamente valioso para conocer un poco de tu identidad por medio de una entrevista a tu «yo» del futuro. Puedes hacerte una infusión o un café, e imaginar que estás sentado justo en frente de tu yo del futuro y que mantenéis una conversación. Quizá esa conversación se dé en tu cabeza con solo leer estas preguntas.

Anota en tu libreta la primera respuesta que te venga a la cabeza, sin darle demasiadas vueltas:

- ¿Cómo es un día típico para ti ahora?

  ____

  ____

- ¿Qué hábitos nuevos has incorporado a tu rutina diaria?

  ____

  ____

- ¿Cómo están tus relaciones con tu familia y amigos?

  ____

  ____

- ¿Estás en pareja? ¿Cómo es la relación y con quién? Y si no te ves en pareja, ¿cómo es tu vida de soltera?

  ____

  ____

- ¿Qué tal tu vida sexual?

- ¿Hay alguna actividad o práctica que te haya ayudado mucho con tu paz mental y física?

- ¿Cómo es tu pelo, tu imagen, tu vestimenta, tu cuerpo? ¿Hay algo en ti que haya cambiado significativamente?

- ¿Qué es lo que más te gusta de la persona que ves ahora?

- ¿A qué te dedicas? ¿Qué pasó con tu trabajo?

- ¿Dónde vives ahora mismo?

- Y finalmente, ¿qué consejo le darías a tu yo del pasado?

Después de contestar, date unos minutos para respirar y despedirte de ti misma. Deja espacio por si tu «yo» del futuro quiere añadir algo más.

X

Y A PESAR DE TODO

Estaba en mitad de una charla con otras mujeres cuando aquel comentario me atravesó por dentro. Un comentario sin ninguna intención hiriente, más bien todo lo contrario: esa persona quería ensalzar el gran trabajo de todas las que estábamos encima del escenario, mujeres poderosas que habían luchado contra estructuras gigantes. Pero yo estaba cansada de escuchar el mismo discurso: la valentía, la lucha, la ovación hacia el arquetipo de guerrera que debemos encarnar todas en esta vida. Las palabras se me precipitaron por la boca. «Yo no quiero ser valiente ni guerrera. Ojalá no ser nada de esto, ojalá que ninguna de nosotras estuviéramos aquí hoy visibilizando nuestras conquistas, porque significaría que la opresión no existiría como tal».

Muchísimas veces me acuesto en la cama y siento una presión en el pecho tremenda por el qué dirán, por la inseguridad, por sentir que estoy impostando, por la frustración, por el canon estético, por el miedo..., por una lista tan larga que no sabría ni dónde termina.

Hemos romantizado nuestra lucha porque no nos queda otra. Los aplausos, las ovaciones, la admiración son necesarias para observar el camino conquistado. Pero no sería preciso conquistar ese camino si ya fuese nuestro, y no lo es. En ocasiones me canso de leer y releer libros de autoayuda, psicología o teoría feminista que ni siquiera sé poner en práctica, porque, mierda, sigo cayendo en los mismos patrones de las autoras de esos grandes libros.

En esta vorágine de vida donde la admiración y la cancelación están a un tuit de distancia, me gustaría entrar en el club de las no romantizadas ni idealizadas. A pesar de escribir todas estas páginas, de tener clarísimo quién soy cada mañana, todavía tengo la tendencia a la fusión cuando estoy en pareja, para convertirme en su mujer ideal. Me miro en el espejo y me frustro al ver que las demás consiguen resultados increíbles en el gimnasio. Tal vez tú te compares conmigo y veas que tu culo no crece tanto, como yo me comparo con las demás y veo que mi culo no crece tanto. A veces no sé muy bien qué hago con mi vida y me siento en el suelo de la cocina a llorar, porque todo es gigantesco y yo solo soy un trozo de polvo, diminuto y frágil, frente a la vida. Lidero muchísimos aspectos, pero añoro que me sostengan a mí. Sin embargo, me cuesta pedir ayuda para no incomodar a los demás, «que ya con sus cosas tienen suficiente».

Por más que sepa que soy igual que un hombre, en ocasiones me coloco en un nivel inferior. La mirada masculina nunca va a ser neutral para mí, siempre hay algo que provoca. Y todavía hoy, cuando me acuesto al lado del hombre que me tiene enamorada, me da vergüenza perder el control momentáneo del cuerpo. O pienso en si me seguirá viendo atractiva con el brote de acné o con la baba colgando.

Me doy permiso para vivirlo y atravesarlo todo. Sin juicio, sin señalar, sin argumentar. Acepto que luchar contra una estructura tan grande es agotador, y hay veces, las suficientes, que no puedo más. Y está bien. Caer en los patrones, en los cánones, en la validación ajena, en el control sobre nuestro físico, en el miedo a nuestra identidad real... Todo es válido.

Tal vez pierda credibilidad en todo lo que acabo de describir —y lo que voy a seguir describiendo— en este capítulo, pero no quiero fingir ser una persona que no soy. No quiero mostrar una seguridad constante, ser la mujer deconstruida perfecta, sentir que nada me atraviesa o me afecta, porque no es real. Ni describir cómo consolidar una identidad cuando a veces me arrepiento de tener la mía, cuando me evado momentáneamente en la fantasía de ser una de esas chicas con sus poses exageradas y la vida *glam* de Instagram. O cuando me cuesta sentirme segura con los pelitos asomándose por las axilas o las ingles.

El camino hacia la resignificación del femenino no es ascendente, ni tan siquiera lineal. Es una maraña de pensamientos que danzan en nuestro interior hundiéndonos en la más absoluta contradicción. Es levantarse una mañana con la seguridad de comerte el mundo y acabar acurrucada en la cama con el síndrome de la impostora. Es ser conscientes de la realidad, aunque esta nos siga atravesando en canal, aunque continuemos con ciertas tendencias y prácticas que nos cuesta quemar.

Construir la identidad no significa fingir ser otra persona ajena a lo evidente, sino ser tú y darte el permiso, a pesar de toda la represión, la educación, la estructura... que te engulle.

A veces no sabemos si estamos actuando porque lo queremos en realidad o porque lo hacemos desde el patrón de lo que hemos aprendido y nos han enseñado. En ocasiones es imposible analizar de dónde nace todo, porque hay una maraña de conceptos y creencias, y desconocemos si nos pertenecen o si las asumimos sin demasiada dificultad. Y aunque nos estemos revisando constantemente, en ocasiones no sabemos identificar si lo que hacemos tiene el objetivo de ser vistas, deseadas, elegidas o amadas, o si realmente lo hacemos de nosotras hacia nosotras mismas, desde nuestro amor propio y deseo pleno.

Es una puta mierda estar haciendo ejercicios de identidad y tener que darte el permiso de ser tú misma. Es una puta mierda tener que filosofar sobre los cánones de belleza y cómo estos nos manipulan. Es una puta mierda ser valientes y guerreras por supervivencia y no por voluntad, pero, aunque todo esto —y mucho más— sea una puta mierda, no nos queda otra que vivirlo. Y ya. Asentir a la jodida realidad que nos rodea, pero sin rendirnos ante la posibilidad de ser y hacer las cosas distintas. Ser conscientes de cuando entramos en el juego y tener compasión por nuestro proceso.

Da igual lo grande que sea la llama, lo importante es mantenerla viva. Iluminamos porque ardemos, y a través de nuestro fuego es como podemos extinguir la oscuridad.

De ahí nace nuestro poder.

PODER

I

LA GRAN MENTIRA

Me encontraba en mitad de un restaurante, riéndome a carcajadas mientras pagaba la cuenta sin revisar el *ticket*. Me encantaba hacer eso, invitar a todo el mundo a golpe de tarjeta, con actitud indiferente. Mi *body* se me encajaba en las costillas y no me dejaba respirar. Los tacones me generaban ampollas y un dolor infernal en la planta del pie. Aquellos pantalones conjuntaban perfectamente con el *blazer* y formaban parte de la colección de trajes que tenía en el armario. Apuré el segundo negroni, algo más fuerte que el anterior, para continuar la conversación sobre estatus, dinero, caché, poder.

Poder.

El poder es la capacidad de aplicar habilidades y recursos aprendidos u obtenidos que afectan a las decisiones y acciones de la propia vida y, en ocasiones, también de la vida de los demás. Incluye tanto la autonomía personal y la autoeficacia como la capacidad de influir en otras personas y sistemas sociales. El poder puede ejercerse de manera positiva para el empoderamiento y el crecimiento, o de manera negativa, cuando se utiliza para controlar o coaccionar a otros.

Aunque el poder tiene muchas formas, como el conocimiento, la autogestión emocional, la propia sexualidad, la comunicación efectiva, las relaciones sociales y la salud física y mental, el dinero es, sin duda, uno de sus grandes pilares.

Mi relación con el dinero ha sido inestable. Vengo de una familia muy muy humilde; por ello, el acceso al dinero estaba muy limitado. Nadie había sido empresario ni tenía un sueldo interesante o una carrera universitaria.

Pude ir a la universidad gracias a una beca por familia monoparental y me saqué el grado de Periodismo. Me hice la promesa de dedicar toda mi existencia a la sexualidad y a la lucha por la liberación de la mujer, pero era muy poco rentable. Vendí el oro de mi madre para poder pagar las facturas, me alimentaba a base de arroz y ni hablar de ocio o escapadas muy locas. Cuando me iba en moto para reuniones presenciales en otras ciudades, dormía en casas de gente, incluso, en más de una ocasión, en una mesa de billar de un bar en la capital.

A los veintiséis años, dejé todo atrás y me fui a vivir a Madrid. Estuve cuatro meses en un bloque de pisos derruido. No tenía más que doscientos euros en la cartera y Madrid era extremadamente caro. Seguí trabajando por mi cuenta, divulgando en redes y escribiendo mi primer libro.

En 2021 mi marca personal tuvo un momento de auge loquísimo: llegué al millón de seguidores en tres semanas, la trilogía había sido un éxito y el dinero empezaba a fluir. Con casi treinta años podía permitirme el lujo de no mirar la cuenta bancaria, acumulaba algunos ceros y eso me hizo ser la persona más repulsiva del planeta.

Creé una gran falacia de empoderamiento femenino que bebía de la misma mierda que nos tragamos, en la cual el poder se presenta como un espacio altamente masculinizado y nos lleva a reproducir acciones, vestimentas, formas de hablar e incluso adicciones que la cultura y el entorno nos han revelado como necesarias.

La gran mentira del poder es hacernos pensar que tendremos acceso a él, cuando nosotras o nos disfrazamos o seducimos o nos prostituimos o le comemos la polla a alguien para alcanzarlo. Y ni así nos instauramos en él, puesto que solo somos mujeres jugando a la emancipación. La mirada, la estructura, la energía en la que se fundamenta el poder es el sistema patriarcal, y este nos lleva siglos de ventaja.

Pensamos que seremos más reinas imparables, cuantos más billetes podamos contabilizar, aunque sean de un hombre, aunque estemos bajo una cúpula de cristal observando el techo que se cierne sobre nuestras cabezas.

La gran mentira reside en ese concepto de empoderamiento capitalista en el que pensamos que estamos siendo independientes, inteligentes, fuertes... Cuando simplemente mantenemos la misma idea de que no somos más que un trozo de carne para consumir: joven, fresca y fibrosa.

La gran mentira es creer que la posesión nos hará ser; que cuanto más tengamos, más (poderosas) seremos. Servimos nuestra identidad a los pies de la propiedad y ahí perdemos nuestra fuerza.

El poder femenino es lo más indomable que tiene la humanidad.

Y lo más silenciado.

II

EL ESPACIO QUE OCUPAMOS

Conocí a un chico por una *app* de citas y manteníamos una relación divertida, con ciertos toques culturales. Teorizábamos sobre un montón de aspectos y me gustaba que me regalara libros.

Una de las primeras noches que nos acostamos en su casa, estábamos en su habitación cuando tuvo la brillante idea de leerme sus poemas favoritos. Hasta ahí, todo bien; me encanta compartir la literatura y siempre es buen momento para aprender sobre nuevos autores y autoras. Tras varias sonatas a su viva voz, sacó el móvil para empezar a leerme sus propios escritos. Desde los más actuales hasta 2009, más de diez años de entradas en su blog.

Esperaba que fuese él quien me cediera ese momento, quien me dejara ocupar un pequeño rincón de su espacio temporal y literario. Esperaba que fuese él quien se interesara por mis escritos o libros. Y aunque hubiese sido un detallazo por su parte, tampoco me di el permiso de entrar, coger mi móvil y compartir mi parte.

Sentimos que nuestros intereses, nuestras creaciones, nuestras opiniones, nuestras capacidades no son tan importantes. Y decidimos quedarnos a un lado, calladas, escuchando al otro con una sonrisa. Vivimos con la esperanza de que nos cedan un pedazo de terreno, con miedo a conquistarlo. Esperamos que nos den permiso para hablar y entregamos el gran poder al otro para que nos dé importancia.

¿Cuánto cedes y cuánto conquistan los demás de ti? Percibe si tienes temor a expresar lo que piensas, a pedirle a un hombre que cierre las piernas para que no interfiera en tu asiento en el metro, a contar cómo te ha ido el día sin que te pregunten, a mostrar tu parte más artística sin esperar que el otro ponga el foco sobre ti o a encararte cuando te interrumpen por decimoquinta vez en una conversación.

Sentir que ocupamos un espacio también es pedir perdón —constantemente— por ello. No sé si alguna vez te has fijado en la cantidad de veces que nosotras pedimos perdón. Recuerdo una vez que iba con un amigo a una tienda de ropa y se cruzó por delante de una pareja que estaba decidiendo si quedarse con una camiseta o con otra. Él ni siquiera se dio cuenta, y, ¿adivinas quién pidió perdón?

Los hombres no suelen tener tantos radares con su entorno como nosotras. Por supuesto, nuestro peligro en las calles es mayor, de ahí que hayamos desarrollado una percepción del espacio de la que apenas podemos relajarnos. Y, por ende, cuando sentimos que hemos hecho algo mal, que hemos molestado, no dudamos ni medio segundo en pedir perdón. Entiendo que haya momentos en que, por educación, porque de repente nos hemos entrometido en el espacio personal de alguien sin darnos cuenta, pronunciemos dichas palabras mágicas. Pero créeme que la gran mayoría de las veces que repetimos esa combinación, la situación estaba lejos de requerir que pidiéramos perdón. Al final acabamos pidiendo disculpas por el espacio que ocupamos, cuando ese espacio es nuestro.

Del techo de cristal al techo de cemento

La teoría del techo de cristal se ha difundido de forma activa en los últimos años entre la sociedad. Esta recoge la dificultad que tenemos las mujeres para alcanzar puestos laborales de liderazgo por barreras culturales y estructurales, con mayor dificultad para mujeres racializadas. El techo de cristal nos permite ver la verticalidad laboral, creemos que podemos alcanzar lo que está por encima del techo de cristal: la cúspide, la cima, los puestos de alta responsabilidad y remuneración.

En los últimos años, a medida que las barreras han ido cayendo y hemos ido ocupando espacios directivos, se ha fabricado otro tipo de material para nuestro querido techo:

el cemento. Esta teoría hace referencia a cómo nos autoboicoteamos por no creer en nuestras aptitudes y nuestro talento, puesto que pensamos que no tenemos la capacidad, que tal vez nos falta una pieza fundamental, que para ciertos ámbitos no estamos preparadas. Sin olvidarnos de la doble jornada invisible al encargarnos de gran parte de las labores domésticas y de la crianza. Un fenómeno que nos lleva a estar más cansadas y, por supuesto, a no querer poner más carga sobre nuestras espaldas.

Y de ahí nace otro de los grandes síndromes que sufrimos las mujeres: el síndrome de la impostora.

III

EL SÍNDROME DE LA IMPOSTORA

Cuántas veces has sentido que iban a descubrir quién eres en realidad y se iban a decepcionar. Que tarde o temprano esa máscara se iba a caer y todo el mundo iba a ver que no eres capaz de lo que sea. Que estás jugando a ser empresaria o una gran trabajadora cuando en realidad esos logros no te pertenecen, han sido fruto del azar o de la alineación astral. Que ser madre es algo para lo que no estás preparada y todo el mundo lo hace infinitamente mejor que tú. Que tu matrícula de honor es porque la carrera era muy sencilla. Que tu éxito, sea en el ámbito personal o profesional, es un espejismo que se difuminará.

Ahora mismo debes de estar asintiendo como una loca y diciendo: «¡Sí soy!». En efecto, sí somos. Todas. El síndrome de la impostora es una experiencia psicológica de las mujeres y personas que pertenecen a las minorías y que sienten que no merecen sus logros, éxitos o resultados. Es una sensación constante de miedo e inseguridad al percibir que, en cualquier momento, alguien las va a delatar y verá que en realidad, lo que han conseguido no se lo han ganado.

Esto nos atraviesa en canal a lo largo de nuestra experiencia como mujeres con tal intensidad que en ocasiones buscamos de forma activa la profecía autocumplida, algún tipo de confirmación que, en efecto, refuerce que somos el timo más grande de la historia. Y eso genera una mayor fuerza en la propiocepción, es decir, la propia percepción sobre nuestra capacidad y persona, y daña todavía más la autoestima, el autocuidado y el permiso de conquista.

El permiso de la mediocridad

Este síndrome es uno de los principales frenos autoimpuestos ante la conquista de espacios y puestos para los que estamos ampliamente capacitadas. Los mereces, vale, pero ¿y si no? ¿Y si vivimos con una seguridad que no es la realidad? ¿Y si no estamos tan preparadas ni somos tan buenas como parece? ¡¿Y si somos unas flipadas cuando en realidad somos unas mediocres?!

El miedo apabullante a ser mediocres viene de una decisión ajena a nosotras. Desde que nacemos y se nos etiqueta como mujeres, se nos entierra en un sinfín de particularidades que estrechan nuestro corpiño de perfeccionismo integral. Desde que somos muy jóvenes, nuestro cuerpo está sometido a la comparativa y a la carencia. Y eso nos quita automáticamente poder.

Cuando nos adentramos en la vida estudiantil, la presión por destacar es elevadísima. En el trabajo nos resulta extremadamente difícil aceptar un error propio, dejarnos llevar por nuestras emociones. A menudo estamos por debajo de un hombre y, sencillamente, acatamos órdenes. A veces somos, incluso, de las poquísimas mujeres que se encuentran en el sector, y debemos hacer un esfuerzo titánico para romper con condicionantes y estigmas que nos relegan a la insuficiencia y nos recuerdan que estamos de paso en esta conquista de espacios, y que, en cualquier momento, ¡chas!, desaparece todo.

Si pensamos en *maternar*, debemos ser expertas en la lactancia, el cuidado del bebé, el conocimiento de todo lo relacionado con el parto y, paradójicamente, absolutamente todo el mundo parece saber más de nuestra propia maternidad que nosotras. El perfeccionismo todavía se constituye a lo largo de los años como madres.

Soltar el control siempre da miedo, pero no tanto por lo que pueda pasar, sino por lo que puedan pensar de ti. Si nadie se enterase de ese pequeño error, ¿qué pasaría? Probablemente te encontrarías con una versión compasiva de ti misma. Pero, ay, si lo descubren. Ahí entras en una fustigación constante y violenta, te machacas tanto que acabas agotada y sin ganas de nada más. Normal.

Si hay algo que nos debemos permitir en la vida para avanzar en la revolución femenina es la mediocridad. Las mujeres apenas tenemos acceso a ella, a hacer las cosas... bueno, digamos que regular. Ni nos lo permitimos ni nos lo permiten, claro está.

Mientras que Santiago Segura sigue escribiendo el mismo guion de una película que muestra la ineficiencia de un padre que se queda solo con sus hijos y, por ende, hace humor de una ineptitud voluntaria que fomenta el machismo, las mujeres tenemos que escribir grandes obras o resignarnos a caer en el olvido. Mientras que cualquier cantante masculino puede quitarse la camiseta y berrear por el micrófono, nosotras tenemos que hacer un puto *show* embarazadas de gemelos y sin desafinar —sí, esto sucedió en realidad, lo hizo Beyoncé en los premios Grammy de 2017.

Se nos exige ser perfectas solo para compararnos con hombres mediocres, y encima tienen la valentía de llamarlo igualdad.

Lo peor es que, cuando nosotras *fallamos* —salimos de la norma, cometemos un pequeño error o nos comportamos de una forma no aprobada socialmente—, cuando de repente mostramos que somos humanas y no robots que proyectan el holograma impuesto, nos convertimos en *trending topic*, aparecemos en la portada de las revistas como nuevo objetivo de estudio o somos la comidilla del barrio.

La mediocridad es un territorio que también nos pertenece, que debemos ocupar. A mí personalmente me ha costado horrores darme el permiso de hacer las cosas regular. Y estamos hablando de hacer un vaso de cerámica un poco torcido. A nivel laboral todavía me sigo exigiendo muchísimo, incluso con este libro que tienes entre las manos y que yo, en estos momentos, estoy escribiendo en pijama y con el pelo recogido mientras observo un Madrid que se apaga a través de la ventana; no te imaginas la autoexigencia de que sea perfecto, impactante y, sobre todo, revolucionario. Y, aun así, debería darme igual. Puedo escribir un libro mediocre, porque el libro perfecto es lo que se nos exige a todas.

Si eres una persona que se da poco margen de error, la próxima vez que suceda, piensa en el permiso de la mediocridad y en lo revolucionario que es. La mediocridad es una insurrección necesaria para nuestra liberación.

En un principio es posible que cueste, en mayor o menor medida, salir del corsé de los buenos modales y el control. Pero, al menos, no te conviertas en tu peor enemiga. Has cometido un error, no es el fin del mundo. Abrázate y permítete equivocarte. Es el inicio de una ruptura con la brecha de la exigencia entre hombres y mujeres. Es el primer paso para la equidad en la valoración del talento. Es la rebeldía de aceptar que no hay excelencia en todo lo que hacemos, porque eso sigue perpetuando la imagen ficticia de lo que significa ser mujer.

Adiós al síndrome de la impostora

Para enfrentarte al síndrome de la impostora, te diría que pusieras foco en todo el camino que has recorrido ya, en el esfuerzo, la preparación y la experiencia que te precede; en tu conocimiento, tu valentía, tu talento. Sinceramente, de poco serviría, porque la percepción de nuestros éxitos está absolutamente distorsionada. Sí, podrías anotarlo en un diario y leer esas afirmaciones positivas. Observar cada día esas pequeñas muestras que validan el merecimiento de estar donde debes estar.

Ante este diagnóstico puedes hacer dos cosas: fingir demencia o abrazar el «síndrome de la perra poderosa».

La primera consiste en sentirte orgullosa de ser una impostora mientras le gritas a tu mente: «¡En efecto! ¡Soy la mayor mentirosa de la historiaaaa!».

Puedes dejar esa sensación ahí, en una esquina de tu cabeza. La educación que hemos recibido, los estímulos que nos atraviesan cada día, nos recuerdan que no nos lo merecemos, que no somos capaces de conseguirlo. Y el síndrome de la impostora es la respuesta a la inseguridad crónica para mantenernos abnegadas.

Estos son los ecos que te recuerdan que, por primera vez en tu vida, debes sentirte orgullosa de ser mediocre y no jodidamente perfecta, y darte el permiso de conquistar un territorio más: el de ser la mayor impostora que la humanidad haya visto jamás.

La segunda requiere más acción. ¿Qué pasa si sientes que eres una genia con un talento imparable? Dejemos la vergüenza de aplaudirnos por nuestros éxitos o de celebrar nuestra inteligencia. Eres una puta diosa, es el momento de creértelo. Sustituye el «síndrome de la impostora» por el «síndrome de la perra poderosa», una mujer incontenible que no tiene miedo a brillar, quemar y celebrar los incendios.

Y sí, eres una flipada que ocupa el gran espacio que se merece. Ni más, ni menos.

IV

LA DESCONEXIÓN CON NUESTRA SENSUALIDAD

¿Cómo definirías tu relación con la sensualidad? Quizá nunca hayas sentido ese rasgo como algo tuyo. Si te das el permiso de expresarla, parece que el mundo se apropie de ella. Eso te desconecta de tu propia esencia, de tu sexualidad, de tu placer. La seducción se reduce a un término mucho más pasivo, y limitas cualquier tipo de manifestación de tu propio fuego. Sencillamente, tienes miedo de tu piromancia.

Tal vez estas palabras te resulten familiares. Creo que, en algún momento de nuestra vida, casi todas las mujeres hemos pasado por una temporada así: en la que no te identificas con tu físico, tu atractivo tu energía sexual. Quizá has sido madre y, claro, ¿cómo vas a expresar sensualidad? Puede que lo hayas dejado con tu pareja y no te permitas conectar de nuevo con tu deseo. O has sufrido algún abuso y eso ha hecho que automáticamente desconectaras de la seducción.

Nuestra sensualidad nunca ha sido neutral, de algún modo nos desvía hacia dos extremos: a su invisibilización por miedo a la reacción colectiva y a la instrumentalización para conseguir acceder al poder. Te explico.

Como bien sabes, a lo largo de la historia *mujeres* y *poder* no han sido dos palabras que estuvieran habitualmente unidas. Nosotras éramos musas, no artistas. El permiso del intelecto y del conocimiento era puramente masculino, en nuestro caso quedábamos relegadas a la crianza, al hogar y a complacer la mirada ajena. Pero aprendimos que había un punto débil: el deseo de conquista de los hombres. Hombres que nos veían como un físico, sin demasiado interés por el trasfondo. De ese modo, pusimos nuestra sensualidad como vía para alcanzar el poder, para manipular, para que se nos escuchara de algún modo. Esto generó una herida profunda que seguimos cargando hoy.

En muchas ocasiones decidimos ocultar esta capacidad para evitar provocar cualquier tipo de reacción. Pensamos que, si la invisibilizamos, el mundo no verá nuestro cuerpo como un derecho, sino como un privilegio. Nos situamos como las principales causantes de los abusos o de las faltas de consentimiento, de las malinterpretaciones o de las palabras irrespetuosas, porque, claro, «vamos provocando». Como no queremos experimentar la absoluta incomodidad y violencia que conllevan estas situaciones, decidimos disfrazar la sensualidad. Olvidamos que la invasión de nuestra persona es algo puramente patriarcal: el cuerpo de la mujer se ve como una propiedad del sistema.

Creo que la humanidad no es consciente del potencial que existe en la energía sexual. Parte de mi propósito vital es devolver este don, sobre todo a las mujeres. Pero el dominio público de nuestra sexualidad, la aprobación colectiva de nuestro cuerpo o el miedo a la potencia de la sensualidad bloquean el fuego que albergamos. Vemos esta parte casi ajena a nuestra posesión, perteneciente más al resto que a nosotras mismas. Al no ser neutral, nos da pánico no controlar la reacción externa. Por ello, simplemente, la dejamos morir.

Piensa en este momento cuál es tu relación con tu sensualidad y si en algún momento de tu vida te has apropiado de ella para conseguir poder. ¿Has seguido un coqueteo sin interés para poder acceder a una sala VIP? ¿Has cambiado tu vestimenta a algo más sexy porque tenías una reunión importante? ¿Te ha dado igual tu falta de deseo hacia esa persona con tal de entrar en su mundo de riqueza y poder? Y, sobre todo, ¿has puesto el poder por encima de tus límites y valores?

Puede que estés leyendo estas preguntas y sientas que estás al otro lado, que jamás has coqueteado con alguien por vergüenza, que en las reuniones disimulas al máximo tu cuerpo para que no sea un condicionante, que los hombres con riqueza solo ven a las mujeres como meros trozos de carne y que el poder, siempre, trae consecuencias, y no positivas.

Todas tenemos creencias con nuestra sensualidad, más o menos drásticas, más o menos cercanas al poder. Para nosotras esta expresión implica algo, y en realidad, estés en el extremo que estés, es igual de perjudicial: seguimos entregando o limitando algo nuestro al servicio de los demás.

Apropiarnos de nuestra propia sensualidad y nuestro cuerpo es absolutamente necesario en la conquista de espacios y poderes. Más adelante veremos cómo nos adueñamos de esto, en el bloque «Placer».

Hacerlo como una mujer

Cuando estaba moviendo la adaptación de la trilogía de *Zorras, Malas* y *Libres,* me reuní con una plataforma de entretenimiento muy grande. Después de exponer la sinopsis, se quedaron encantadas con la historia, pero, al poco, torcieron la expresión para dar paso a la maravillosa frase de: «Ya tenemos contenido para mujeres».

«Contenido para mujeres». Vaya. Una historia que no tenía nada que ver con lo que ofertaban, pero, como la audiencia masiva iban a ser mujeres —es decir, la puta mitad de la población—, no les interesaba. Aquellas historias que nos atraviesan a nosotras, nuestra voz, nuestra protesta, nuestro humor... En resumen, todo aquello que hagamos, va a ser «contenido para mujeres». Y con su consiguiente categoría inferior. Diez mil películas de acción donde se dan hostias sin ningún tipo de lógica, pero no vayamos a saturar el mercado con el universo femenino extenso e infinito.

Esto es, simplemente, un ejemplo de tantos que podría narrar a lo largo de estos años que llevo escribiendo y generando contenido alrededor de las mujeres. No falla nunca la pregunta en alguna entrevista: «¿Y los hombres también pueden leer esta novela?». Bueno, no me jodas, no está escrita en arameo antiguo. La duda no es esa, la verdadera cuestión es: ¿a los hombres les interesa nuestro mundo?

Lo relativo a lo femenino se considera subordinado a lo masculino. «Pegas como una niña», «corres como una niña»... Y, por ende, tenemos interiorizado que «emprender como una mujer» o «manejar el dinero como una mujer», a pesar de no tener un ejemplo clarificador en mente, está relacionado con la escasez, la insuficiencia, la desventaja.

Y de ahí nace nuestra relación con el dinero.

V

LA REVOLUCIÓN FEMENINA Y EL DINERO

Hace menos de un siglo que tenemos acceso a la gestión propia de nuestro capital. Este es el motivo evidente de la pésima relación que tenemos las mujeres con el dinero, en términos generales. Desde la sed insaciable de conseguirlo a cualquier precio hasta las dubitativas decisiones sobre inversiones o su manejo: la tranquilidad y seguridad que posiblemente sientan muchos hombres en el territorio financiero se contrapone al absoluto terror que sentimos nosotras.

No voy a divagar sobre el capitalismo en este capítulo. Te puede gustar más o menos, y está bien. Pero no podemos negar que el cambio de esta estructura es más bien utópico y no nos ofrece un elemento de revolución a corto plazo. Más bien, no entrar en el juego del dinero nos dejaría en una tremenda desventaja en la conquista de espacios y poderes.

Por ello es importante que los movimientos sociales ganen dinero: con libros, camisetas, pódcast, talleres, espectáculos o por hacer el pino, me da igual. Sin dinero no hay continuidad del movimiento, y, si la hay, es mucho más lenta. Si cuestionas la ética al capitalizar el activismo, te aseguro que la lucha no paga las facturas. Necesitamos dinero para seguir avanzando, para conquistar más espacios y dedicarle más tiempo. Las finanzas, hoy, son importantísimas. Y esto es innegable.

Tal vez pienses que no es imprescindible, que existen otras cosas como el amor, la salud, la familia... Todos los ámbitos descritos establecen una base en nuestra vida y cada uno tiene su función. El dinero tiene la suya, y en el territorio de la insurrección femenina (especialmente importante en la lucha clasista y racial) juega un papel protagonista.

Ahora que nos hemos puesto de acuerdo con esta percepción del mundo, vamos a ver cuál es tu relación con el dinero.

Contesta mentalmente a estas preguntas:

- ✓ ¿Eres ahorradora o tienes un agujero en la mano?
- ✓ ¿Qué recuerdos tienes del dinero en tu infancia?
- ✓ ¿Crees que tienes que esforzarte mucho para conseguirlo o es algo fácil para ti?

- ✓ ¿Usas la excusa de los caprichos para comprarte cosas que no necesitas solo por el placer momentáneo?
- ✓ ¿Acumulas muchas cosas y tienes dificultad para desprenderte de ellas? ¿O por el contrario te desprendes con facilidad para seguir comprando más?
- ✓ Si ambas personas se dedicasen a las finanzas, ¿te fiarías más de un consejo dado por un hombre o por una mujer?
- ✓ Si pudieras describir tu relación con el dinero en una palabra, ¿cuál elegirías?

Bien, estas preguntas son esenciales para recoger la base de tu conexión con las finanzas. Y es que, como en todo, el dinero también es un ámbito en el que reproducimos los modelos familiares que hemos integrado durante años. Muy posiblemente, si tu madre era muy ahorradora y siempre guardaba el dinero «por si acaso», tu mentalidad se desarrollará alrededor de esto o drásticamente en contra, con un propósito de rebeldía ante la autoridad familiar. Exactamente igual que hemos visto en la identidad.

Es interesante analizar los picos de placer que obtenemos a través del consumo masivo de cosas y cosas que toda mujer parece que debe tener: cosmética, ropa, zapatos, joyas... Esto nos lleva a la necesidad de gasto constante para entrar en el holograma de *mujer perfecta*. Cuando muchos hombres se apañan con cuatro pantalones, nosotras tenemos diez *jeans* distintos en nuestro armario. Vestidores gigantescos para las mujeres y un pequeño espacio para los hombres. Tres plantas dedicadas a la ropa femenina y la última para la masculina.

Nos hemos creído que nosotras tenemos mucha más posibilidad artística y expresiva a través de la moda, pero la realidad es que tenemos mucha más opción a un gasto elevadísimo que nos aleja de un control consciente de nuestras finanzas. Por ende, somos incapaces de ahorrar y hacer una buena gestión del dinero. Aquí voy a detenerme un momento para hacer una aclaración: a mí también me encanta comprarme un conjuntito nuevo para ese evento especial, unas cremas que me funcionan increíble para la piel o las botas soñadas. Esto está genial y forma parte de nuestro autocuidado también. Sentirnos bien con la imagen es una de las herramientas de poder más grandes que existen, pero en muchas ocasiones el consumo es innecesario. Seguramente, como yo, tengas alguna pieza de ropa que solo te has puesto una vez. O cada vez que vas a tu armario, ¡no sabes qué ponerte!

Un gran consejo: a partir de ahora, para evitar el consumo masivo, todo aquello que lleves puesto debe darte poder de algún modo. Vístete para sentirte poderosa, y esto no es reflejo de envolverte en trajes y tacones, esa es la visión distorsionada del poder en la sociedad. Puedes sentirte incontenible con unas zapatillas deportivas, con un vestido de lino o un jersey de cuello vuelto. Es vital que, desde este momento, cada vez que te pruebes algo, te hagas la siguiente pregunta: «¿Esto me hace sentir poderosa?». Si no recibes una afirmación inmediata, déjalo.

Regular este despilfarro monetario nos ofrece la posibilidad de conquistar el ámbito financiero, puesto que no somos víctimas del capitalismo patriarcal que gira en torno a la imagen femenina. Somos dueñas de nuestro poder capital y decidimos invertir en lo que nos hace sentir indomables.

Enamórate de las finanzas

Hasta hace relativamente poco, mi relación con el dinero era nefasta. Siempre he vivido con una sensación interna de escasez máxima al venir de una familia muy muy humilde. Llevo escuchando durante toda mi vida que debía ahorrar al máximo para comprarme un piso, para tener algo que fuera *mío*. En resumen, esta era la inversión más grande que contemplaba mi familia, y es lógica. Pero es posible que no sea la inversión más rentable.

De ahí que durante un tiempo acumulara dinero y dinero y dinero. Lo guardaba con obsesión porque sentía que, tarde o temprano, iba a volver a mi estado habitual: la escasez, comer arroz, medir cada céntimo y llorar por las noches. Cuando ya tenía una cantidad interesante, adivina cuál fue el paso que me planteé: en efecto, comprarme un piso. Pero, si lo hacía, no me daría la oportunidad de crear Santo Amor.

Y ahí tuve que elegir entre mi hogar o el de todas. La respuesta fue inmediata: fui con todos mis ahorros a invertir en una escuela de autocuidado y placer consciente, aun a riesgo de perderlo todo.

Cuando el dinero se invierte, desaparece de la cuenta bancaria. Eso me llevó a experimentar muchísima ansiedad, y la pésima forma de gestionar esta emoción fue fingir demencia. No quería ver cómo iban los números porque era una absoluta tortura mental. Así que dejé a un lado el control financiero, y fue un grave error.

Para mí, la percepción inconsciente de las finanzas era algo masculino. Mi mente era mucho más creativa, sabia, innovadora; danzaban mil ideas en mi interior. En el momento de materializar, mierda, ahí empezaba la parte que odiaba profundamente: números, gestiones, ventas, control. Evitaba en todo momento enfrentarme a esta dinámica, así que me enfrascaba en otro proyecto enseguida, y de nuevo sentía la creatividad, sabiduría, innovación y las ideas —idealizadas— en la cabeza. Era incapaz de comprometerme con una empresa porque en mi interior no me veía capaz. Ese espacio no era un lugar de conquista femenina.

La insurrección de la materialización creativa es vital y debemos hacernos cargo, aunque sintamos que somos unas completas ineptas. Esto no es una voz que te pertenezca, esta es una conciencia implantada. Tú, yo, somos igual de capaces de manejar una empresa que cualquier hombre que tenga el mismo conocimiento. Dejemos de reforzar el mito de que ellos tienen algo que nosotras no. Nacemos iguales ante la vida, es el mundo quien dicta nuestras supuestas capacidades.

Jamás me he sentido tan poderosa como en el momento en que me enfrenté a las finanzas y me comprometí con mi empresa. En el instante en que empecé a leer libros y libros sobre la relación con el dinero, el pensamiento de riqueza o la conexión mental y espiritual de nuestra cuenta bancaria, me enamoré de un territorio que mis ancestras no pudieron conquistar para su propio placer y poder.

Tal vez pienses que estoy equivocada, que en muchas casas las mujeres gestionaban esta parte. Analicemos la economía de nuestras abuelas, por ejemplo. Muchas no trabajaban y se quedaban en casa atendiendo tareas absolutamente banalizadas e invisibilizadas por la sociedad: el cuidado del hogar y de la crianza. Aquí entraba la gestión del dinero que ganaba el hombre, un dinero que, para empezar, no les pertenecía como tal. El hombre llevaba a casa esas ganancias, pagaba los gastos familiares y domésticos, y, en la gran mayoría de los casos, se ahorraba el resto. Pero, en cualquier caso, si ese hombre quería jugar a la lotería, podía, ¡era su dinero! O irse a un club de alterne. O comprarse el coche de sus sueños. La jerarquía era clara, y el acceso, limitado.

Si, por el contrario, ellas trabajaban y ganaban su dinero, el permiso del capricho estaba muy restringido e infinitamente peor visto que si un hombre se reventaba su sueldo en cualquier mierda. Por lo tanto, mientras las mujeres ejercían el papel de adultas funcionales para el beneficio familiar, ellos podían desviarse del objetivo y favorecer su placer. Esta idea es muy genérica, pero es la que hemos presenciado en la gran mayoría de los casos.

Por ello, cuando empecé a gestionar el dinero que yo misma ganaba, las inversiones, los movimientos financieros más allá del hogar, me sentí poderosa. Enamorarme de las finanzas fue uno de los grandes actos que hice en mi vida. Y aquí, créeme, da igual el dinero que tengas en el banco o si eres empleada o emprendedora. Vives en un sistema capitalista; por lo tanto, debes obtener una educación financiera al mismo nivel que una educación emocional o sexual. E incluso, como mujeres, con mayor motivo, porque hemos tenido más restricción en estos ámbitos de subversión necesaria para el poder femenino.

Así que empieza a observar tus gastos. Hazte un pequeño Excel o coge alguna plantilla por internet y rellénala cada mes con tus movimientos financieros. ¿Has salido todos los fines de semana de fiesta? ¿Te has gastado muchísimo dinero en ropa? ¿Cuánto has invertido en tu propio desarrollo y autocuidado físico y mental?

A partir de ahí, fija tus objetivos a largo plazo (5 años), medio plazo (2-3 años) y corto plazo (1 año). Tal vez quieras dejar tu trabajo y ser *freelance*. Puede que desees alcanzar un puesto mejor con su consiguiente aumento de sueldo. Quizá tu sueño esté en ser nómada digital y vivir por el mundo. O abrir tu negocio físico. Todo es válido siempre que te haga sentir libre y poderosa. No restrinjas tus sueños: ya invalidaron a nuestras ancestras, que no lo hagan con nosotras.

Una vez establecidos los objetivos, empieza a organizar tu economía para ver cuánto deberías ahorrar y en qué deberías invertir a corto, medio y largo plazo para conseguir dichos objetivos. Y cuidado con los pequeños gastos, los inferiores a 50 €, porque en ellos es en los que se va el dinero con muchísima facilidad.

Recuerda que las actividades que te ayuden a evolucionar, como la terapia, el autocuidado y el conocimiento, siempre serán una inversión y no un gasto. Esto te permite desarrollar herramientas para alcanzar tu propio sueño y, por lo tanto, estás invirtiendo en tu proyecto de futuro.

Autoestima financiera

El merecimiento monetario está relacionado con la valoración de tus propias capacidades. De ahí nacen la autoestima financiera, el conocimiento y el cuidado de tu posición económica, además de la reivindicación de lo que eres y das como persona. Por supuesto, esta autoestima se ve altamente afectada por el género y la falta de conquista del ámbito laboral en igualdad con los hombres. Pedimos menos aumentos de sueldo o una mayor responsabilidad en la jerarquía laboral, puesto que existe una parte de nuestro interior que nos arrastra hacia el síndrome de la impostora, la inseguridad y la insuficiencia. Es un código arraigado en nuestra mente, una voz que el sistema se ha encargado de implantarnos en el interior.

Si eres emprendedora quizá te mueras de la vergüenza al vender tus productos o servicios, e incluso puedes sentir culpabilidad. Tal vez sientas que eres insuficiente, que tu valor no es tan elevado y que estás timando a todo el mundo. Que nada es tan bueno como para que te paguen por ello.

Date cuenta de tu merecimiento y de la riqueza que ofrecen tus productos y servicios. Esa inseguridad tan enquistada en tu interior es fruto de una estrategia para que te quedes ahí, en esa posición de sumisión ante el mundo laboral. Por ello debes desarrollar una autoestima financiera que se enfrente directamente a la vocecita que te dice que eres una vendehúmos, que no tienes valor o que debes cobrar muchísimo menos por lo que haces.

La credibilidad ante tus recursos es un factor fundamental para reivindicar lo que mereces, porque lo mereces. Te lo repito: lo mereces. Entender e identificar tu valor te hace aumentar tu autoestima y confianza ante las finanzas y el manejo del dinero. Ofreces una riqueza a cambio, y ese dinero que recibes es tuyo por tus capacidades. De nadie más.

Identifica tus pensamientos de insuficiencia con respecto al dinero. Puedes anotarlos para entender qué es lo que tu mente se ha creído, que, *spoiler*, está lejos de la realidad. Cuando te sorprendas en ese bucle interior, combátelo con tu propia voz. Has llegado a donde has llegado por tus capacidades, nadie te ha regalado nada. Es tu talento, esfuerzo y don interno, que te hace ser única en este mundo. Esa es tu riqueza, eso es lo que ofreces, y eso tiene un precio. El merecimiento nace del amor propio. Cuando nos amamos, merecemos. Ama tus cualidades para merecer dinero por ellas. No te sientas mal o culpable por recibir, por exigir más, por ser ambiciosa. Este también es nuestro territorio. Ábrete a la conquista.

¡Ah! Y deja de pedir perdón por ello. Empieza a agradecer la abundancia que te mereces.

La fórmula de la gestión financiera

Sé que en estos tiempos es difícil ahorrar, me adelanto a tus pensamientos. La vida está cada vez más cara y los sueldos no hacen frente a las facturas. Ahorrar resulta casi imposible, pero, aunque sea con poquísimo dinero, puedes poner en práctica esta fórmula.

Cada vez que recibas tu sueldo o, en caso de que seas autónoma o empresaria, cada inicio de mes, vas a utilizar la técnica del 10/10. Para ello necesitas tres cuentas bancarias: la principal, donde recibes cada mes el dinero, y dos más: una para ahorros y otra para caprichos.

De tu dinero mensual vas a separar un 10% para tu cuenta de ahorros y otro 10% para tu cuenta de caprichos o juegos. De este modo, te premias por ahorrar una parte de tu economía, y así utilizas ese dinero para comprarte un regalo, darte un masaje o, si acumulas mucho, hacer una escapada.

Si cobras 1400 € netos al mes, destinas 140 € a tu cuenta de ahorro y 140 € para tu cuenta de diversión. En total son 280 € que sacas de tu sueldo. Es posible que me digas: «Noemí, si no llego ni con 1 € a final de mes, qué cojones me estás diciendo». Bien, analiza antes en qué te gastas el dinero. Tal vez con comidas, salidas, ropa y demás superes esos 280 €, ¡y ni te das cuenta! De ahí nace la importancia de conocer nuestros movimientos financieros. Esto da más seguridad y, por supuesto, más poder.

En todo caso, si un 10/10 es imposible para ti, reduce esta fórmula a un 5/5 o incluso 2/2. Estamos hablando de 40€ para cada cuenta, ¡claro que puedes! También puedes reducir el gasto para tu ocio y caprichos, pero sigue premiándote cada mes por ahorrar dinero, esto es importante. De ese modo entenderás, de una forma inconsciente, que las finanzas son algo muy bueno.

¡Ah! Tu cuenta de ahorros no se puede tocar, es para situaciones de urgencia extrema. Así, poco a poco, irás aumentando tu capital para poder invertirlo en aquello que siempre hayas soñado y darte el permiso de emprender por tu cuenta o comprarte una casa si así lo deseas.

Tu identidad es la base de tu poder

Como ya hemos visto, la identidad que dicta el holograma es una vía de subordinación femenina que nos mantiene en la carencia y no en la abundancia. Por ejemplo, la moda textil es un invento más para que siempre tengamos un agujero en la cartera: compramos cosas absurdas que, en el fondo, ni nos gustan ni nos sientan bien, pero están socialmente en auge. Perdemos nuestro ahorro económico al entrar en una rueda que cambia cada temporada, para volver a estar de moda al cabo de unos pocos años. Y ahí estás tú, con tu armario y su fecha de caducidad, a punto de entrar en el consumo excesivo que nos lleva a una explotación del medioambiente y de nuestra propia sumisión.

Cuando tu identidad es sólida, no entras en la moda ni en espirales consumistas que te arrastran a la insuficiencia. Sabes lo que mereces, lo que eres y lo que quieres mostrar. Construyes tu armario y tu presentación al mundo como a ti te da la gana, reivindicando tu personalidad y tu esencia a través de la ropa. No eres esclava de la moda, eres la dueña de tu expresión corporal. Y esto es la base de tu poder. Una identidad fuerte busca la unicidad en su manifestación, compra piezas en consonancia con su estilo y no con el holograma dictatorial de cómo debe ser en cada momento del año.

La identidad nos hace poderosas porque nos hace ingobernables, inquebrantables, incontenibles. De ahí que sea tan importante saber quién eres y cómo eres, puesto que esas son las raíces que te recuerdan de lo que eres capaz. Y eso, amiga, eso es el poder.

VI

ESTRELLA FUGAZ

Conozco a muchas mujeres fuertes y empoderadas, pero a muy pocas relajadas. Mujeres que llenan titulares, que reúnen miles y miles de seguidores, que adquieren altos cargos dentro de empresas o que son capaces de hallar la fórmula mágica en el ámbito científico. Mujeres que ganan miles y miles de euros, que muestran su potencial y están inmersas en la vida soñada. Mujeres poderosas, pero con una sintomatología muy específica, que he bautizado como el *síndrome de la estrella fugaz.*

Esta sensación es muy común entre mujeres que tienen cierta relevancia laboral o social. Creemos que, tarde o temprano, llegará un momento en que este cargo y responsabilidad que tenemos desaparecerá. Sentimos que ocupamos un espacio que no nos pertenece, un espejismo que se difuminará con el paso del tiempo. Esto nos lleva a una impaciencia permanente en el noble arte del «hacer»: decimos que sí a un montón de proyectos, llenamos nuestra agenda al completo, vamos de aquí para allá con prisas y no nos damos ni un momento de pausa. «Ahora que funcionan las cosas, no nos podemos detener», repetimos. ¿Por qué? Porque si te detienes, *flus-flash,* se esfuma todo.

El estrés permanente viene de una carencia de conquista de distintos territorios laborales, como hemos visto hasta ahora, y además se añade la inconsciente fecha de caducidad que tenemos todas las mujeres en el interior. En nuestro caso, recibimos una cantidad incontable de estímulos que nos dictan que, cuando seamos mayores, «se nos pasará el arroz». Esto nos lleva a una preocupación constante por preservar nuestra juventud para, de algún modo, preservar también nuestro poder.

De la misma forma, gobernar ciertos ámbitos profesionales nos conecta directamente con una fragilidad y fugacidad nunca antes percibidas, como si lo que estuviéramos haciendo no estuviera bien del todo. Un territorio que nuestras ancestras nunca o casi nunca conquistaron y que, de repente, abordamos nosotras. Esta sensación de estorbar, de *okupar,* de asaltar el mercado laboral —y, encima, ¡con éxito!— es una percepción arraigada en el inconsciente femenino. La temporalidad es reducida y queremos aprovechar al máximo ahora que esto funciona, no vaya a ser que descubran que somos unas impostoras o que, como mujeres, se nos pase el talento y la capacidad. Por supuesto, esto, muy relajante, no es.

Como nos quitaron el permiso del éxito, nos obligamos a demostrar más y hacer más. Nos centramos en la acción, que no tanto en el ser, porque en la *performance* femenina este último está altamente relacionado con el físico, y ya sabemos cómo afecta el paso del tiempo al cuerpo, ¿verdad?

Empoderamiento y autocuidado

Observa cuántas mujeres tienen cuatro pódcast distintos, libros, programas de televisión, contenido en redes, colaboraciones para medios, entrevistas, aparición en premios y un laaargo etcétera, con su correspondiente estrés y presión. Posiblemente tu lista no sea mucho más reducida, aunque pertenezca a otro ámbito.

El poder jamás debe separarnos del cuidado. Nos han metido en la cabeza que la producción está por encima de cualquier cosa y, aunque hay veces que debemos hacer ciertos sacrificios, especialmente si eres emprendedora, nunca puedes dejar a un lado el cuerpo y sus necesidades. El descanso. La comida saludable. El ejercicio físico. La terapia. La meditación. El ocio. Los vínculos. El amor propio. Eso es lo que en realidad da sentido al empoderamiento femenino, es la base del poder matriarcal que debemos reivindicar y consolidar. De nada sirve tenerlo todo si no podemos disfrutarlo, si nos rompemos por el camino o sacrificamos nuestro bienestar. El poder es equilibrio entre lo externo y lo interno, entre crear y materializar, entre la impaciencia y la paciencia, entre la velocidad y la calma. Es el femenino el que combina los opuestos haciendo posible su interacción.

Traza tus metas a corto, medio y largo plazo para tus objetivos de conquista, pero no olvides nunca diseñar tu propio autocuidado. Al mismo tiempo que dibujas tu vida laboral soñada, describe qué harás para cuidar de tu salud física, mental y espiritual. No solo adónde quieres llegar, sino cómo. Y esto último es lo más importante.

Una necesidad llamada ambición

La ambición en las mujeres ejerce una sombra gigantesca. Durante muchos años hemos estado por debajo de ellos: ganando menos, creando menos, siendo menos. Pero hasta hace relativamente poco nuestras trayectorias han despegado y ocupamos un espacio mayor. El problema es que no se ha establecido en el inconsciente colectivo que nosotras podemos cerrar más acuerdos, ganar más dinero o soñar más alto.

De una forma consciente o inconsciente, el poder en una relación heterosexual debe estar a favor del masculino, y cuando este ve que su carrera o su éxito está en otra posición a la superior, el ego se resiente. Entiendo que no es fácil ver que tu pareja cierra contratos, gana más dinero y tiene más impacto, con independencia del género, en especial si estás pasando una temporada, más o menos permanente, en la que te sientes estancada o crees que no avanzas. Esto sucede cuando vemos la relación desde una mirada individualista y no colectivista.

Muchos hombres quieren estar con una mujer poderosa hasta que están con una. Y ahí desean cambiar las cosas, regular la ambición, imponer la jerarquía. Si eres una mujer ambiciosa, seguro que esta historia te resulta familiar. Quizá cuando tuviste tu merecido ascenso tu marido estaba especialmente irritado. Tal vez cuando conseguiste el trabajo de tus sueños tuvisteis una tremenda crisis. O puede que ser *freelance* o emprendedora haya sido el desencadenante de tu separación. La ambición en las mujeres siempre ha existido, solo que ahora es posible recorrerla. Eso genera conflicto en la pirámide social que lleva consolidada siglos y siglos.

En muchas ocasiones se antepone el deseo de ser amadas al deseo de ser poderosas. La tendencia es a empequeñecer los éxitos o, simplemente, ni siquiera conseguirlos. Tenemos miedo de que nuestra ambición interfiera en la relación, así que preferimos quedarnos en la posición en la que estamos, para no generar conflicto. Conflicto sobre algo que merecemos y que nos hemos dejado la piel para conseguir, sí, pero conflicto al fin y al cabo. Y eso de sostener la incomodidad que generamos es difícil.

Piensa por un momento en cómo haces una fiesta tremenda cuando tu pareja consigue un ascenso, un premio o cualquier mérito laboral. Cómo te implicas en leer lo que hace, en entender, compartir, visibilizar, presumir o escuchar su mundo laboral, mientras tú te conformas con la mitad por su parte. Acabas dando lo que quieres recibir y, como no recibes tanto, das más (y ocultas tu conquista).

Es necesario, como mujeres, que tengamos ambición. La ambición es lo que nos ha llevado a poder votar, conducir, divorciarnos, emanciparnos, exigir igualdad, trabajar... y tantas otras cuestiones que damos por sentado en nuestro día a día y que son absoluta novedad para nuestras antepasadas. Pero gracias a la ambición de ellas hemos abarcado más. Y gracias a nuestra ambición, podrán disfrutar de más.

No pidas perdón, y mucho menos permiso, por ser ambiciosa. Esa es la energía que mueve tu poder y tu validación. La ambición con autocuidado es el equilibrio necesario para conquistar lo que merecemos.

La sublevación está en querer ser amada por tu poder y no ocultar tu poder para ser amada.

VII

RABIA

Ese fuego interno que arde en tu pecho. Esas ganas de quemarlo todo a tu alrededor. La fuerza incontrolable que nace de la injusticia, de tu verdad, del grito ahogado, del puño apretado, de los dientes rechinando. La tensión corporal, las lágrimas en los ojos, el corazón acelerado, el estómago contraído. Qué tremenda emoción es la rabia y qué trabajo tenemos las mujeres con ella.

A lo largo de la historia, la rabia ha sido una emoción vetada para nosotras. El acceso a nuestro extenso mundo emocional se ha potenciado de forma social. Sabemos, como mujeres, que podemos llorar, reír, avergonzarnos, temblar de miedo, saltar de alegría, ahogarnos en ansiedad... Pero la rabia ¿dónde queda?

Hoy en día, una mujer que expresa su rabia sigue tachada por una infinidad de etiquetas que la colocan en el desequilibrio mental: despechada, loca, tóxica, histérica... Hubo una época, no muy lejana, en la que a las mujeres se les recetaban orgasmos para calmar la rabia. Nos dieron antes el permiso del sexo que el del enfado, imagina lo castigada que está la emoción, ¡imagina!

Sin duda, esta necesidad de quemarlo todo es un motor poderosísimo para el avance. Toda emoción tiene una función específica, y esta sirve para protegernos. ¿Cómo nos protegemos? Con límites. ¿Qué significan los límites? Poder. ¿Qué es lo que quiere el mundo para las mujeres? Subyugación. Por lo tanto, crear alrededor de esta emoción toda una estructura gigantesca de prejuicio social es la estrategia perfecta para alejarnos de la herramienta emocional más poderosa de la que somos capaces.

Sin rabia no hay motín, ni revolución, ni reivindicación. Sin rabia no hay denuncia, no hay lucha, no hay avance. Sin rabia no hay exigencia, no hay protección, no hay límites, no hay amor propio; sin rabia no hay poder, no hay pirómanas y, por lo tanto, no hay cajas de cerillas que esconder.

La intensidad de esta emoción y la falta de experiencia al manejarla nos lleva a representar dos polaridades extremas cuando la sentimos en nuestro interior: o somos puro fuego que no controla las palabras que vomitamos sin ningún tipo de contención, o somos pura agua y no paramos de llorar y llorar al no ser capaces de expresar lo que queremos en realidad. Vivimos un descontrol emocional en forma de violencia o de tristeza, en forma de acción reactiva o de parálisis. Y ambas situaciones nos generan malestar por igual.

El privilegio de la credibilidad

Dejas a una persona que te ha tratado como la mierda. Lo comentas en tu grupo de amistades y nadie te cree. «¡Cómo puede ser que Nacho sea así, con lo majo y bueno que es con todo el mundo!», y, de forma automática, invalidan tu realidad a través de la emoción que sientes: la rabia. «Dice eso porque está despechada», argumentan.

Llegas a una discoteca, te encuentras con un gran aliado feminista que actúa como un baboso de manual y acaba tocándote sin consentimiento. Lo comentas con tus amigas. «¿Ese tío? Pero si precisamente habla de feminismo, ¿cómo puede ser así?». Y ya eres tú la que quiere fama o protagonismo. O «claro, como vas con esos escotes y esos vestidos... ¿cómo no vas a incitar a segundas intenciones?».

Te daría mil ejemplos más, de tu vida y de la mía, que nos llevan a la misma conclusión: es más fácil creer a un hombre que a una mujer, sobre todo si esta última siente rabia.

La credibilidad de las mujeres se mantiene en un equilibrio precario, cualquier pequeño *error* a ojos de la sociedad tira por tierra totalmente tu argumento. Tu realidad queda eclipsada por la verdad imperiosa de un hombre, en especial si está socialmente reconocido de algún modo. No hay mucho que hacer, y es una pena. Todas nos creemos a todas hasta que tocan a nuestro colega, músico o aliado favorito. Mierda, ahí la cosa cambia.

Ya sea en el ámbito personal o profesional, habrás percibido cómo necesitas justificar muchísimo más tu realidad frente a los demás. Parece que hay un tiempo establecido para denunciar a tu agresor. Parece que no puedas estar ciega ante las tremendas mierdas que te has comido, una tras otra, en una relación. Parece que hablar de las guarradas que te dijo tu jefe cuando dejaste el trabajo, o peor, cuando te echaron desacredita la vivencia porque... ¡no te fuiste antes y aguantaste!

Debemos mostrar mil pruebas ante la sociedad para que entonces se nos crea, y no te atrevas a expresar ni un ápice de rabia, porque ahí ya estás jodida. Una sociedad que nos empuja al aguante, al silencio, a la sumisión, que construye el miedo femenino a estar solas, a ser tachadas de guarras o que nutre el síndrome de la impostora, pero juzga la resignación que tuviste en la relación amorosa, el silencio después de un encuentro sin consentimiento o la resiliencia en tu oficina. Qué puta hipocresía.

Esto me cabrea de verdad, porque mientras nos llenamos la boca de cómo debería haber actuado correctamente una mujer, estamos desacreditando su decisión y realidad. Porque mientras tenemos un cronómetro entre las manos, estamos dictando el tiempo necesario para su credibilidad. Porque mientras gritamos «Yo sí te creo» en las calles, ponemos tuits donde tachamos a la exnovia de ese tipo de loca y zumbada. Porque mientras decidimos si esa compañera tiene más o menos razón, hay un hombre impune que tranquilamente podrá rehacer su carrera profesional y personal. Porque mientras nosotras callamos, ellos siguen.

Parece que solo las mujeres somos las interesadas en conseguir, no sé, ¿fama, dinero, posesiones, estatus?, cuando contamos nuestra verdad. Ellos no tienen ningún tipo de necesidad de preservar su imagen, su bolsillo y su vida, en general. Nosotras somos las villanas que recreamos un imaginario para poder obtener algo que, en muchas ocasiones, o no queremos o ya tenemos. Cuesta muchísimo aceptar que detrás de nuestra rabia y nuestra denuncia no hay interés, salvo validar la realidad vivida.

Seguramente con ese abuso que sufriste aquella noche en el baño, o el maltrato que recibiste por parte de tu ex, o el comentario de mierda que te hacía siempre tu jefe...; con todas estas experiencias de mierda no busques nada más que una persona que te coja de la mano y te diga: «No te lo has inventado. No es mentira. No estás loca. Yo te creo, hermana».

Así que dame la mano, mírame a los ojos. Oye, perra, mírame a los ojos. Eso es. Respira profundo y escúchame.

Sé que puedes estar durante años en una relación y que se te caiga la venda en el último mes. Sé que puedes aguantar de todo en el trabajo con tal de conservar tu puesto. Sé que sientes vergüenza al hablar sobre la noche en que te acostaste con ese tipo y le pediste que parara y no paró. Tu herida, hermana, es mi herida también. Tu vivencia es la mía también. Y no sé cuántas mujeres están leyendo este libro, pero estoy convencida de que, cuando lleguen a esta parte, asentirán igual que tú, se sentirán igual que tú. Porque tú, yo, somos todas.

Escúchame en tu cabeza, a través de esa voz que nace mientras lees estas palabras. Yo sí te creo. De verdad. Yo. Sí. Te. Creo. No estás loca. No te lo has inventado. No ha sido fruto de tu imaginación. No has provocado nada. Lo único que buscas, con desesperación, es que alguien valide tu realidad, como yo en su momento necesité que validasen la mía.

Aquí la tienes: tu realidad, tu experiencia, tu vivencia, fue real y te creo.

Yo te creo, hermana.

No invalides tu rabia

La negación de la rabia femenina es uno de los caminos que desembocan en el mar de la sumisión y la renuncia. Cuando bloqueamos las emociones, sucumbimos a la comodidad y al sometimiento. No queremos generar malestar ante la circunstancia que nos ha despertado la rabia; por lo tanto, acabamos callándonos y llevamos toda esa pesadumbre hacia el interior.

Lo primero que debemos hacer es identificar la emoción y no dejarnos llevar por ella, pero sí otorgarle el espacio que merece y reconocer su cometido. La rabia no es romper platos o dar puñetazos en la pared, insultar, gritar, pelear o buscar venganza: si se desarrolla en el plano violento es que está muy muy mal gestionada.

Validar la rabia es asentir ante el malestar emocional que experimentamos en ese momento. Es señalar la emoción en el instante en que la pólvora está empezando a arder. Es aceptar que estamos enfadadas, molestas o cabreadas ante una situación. Si hacemos como si no pasara nada, nos vestimos con una sonrisa en la cara y seguimos adelante, nos estaremos alejando de un recurso poderoso para el amor propio.

La invalidación emocional también se traduce en querer parar o salir de la incomodidad que sentimos. No es fácil atravesar la rabia y muchas personas deciden reaccionar enseguida para volver a la neutralidad o la comodidad emocional. Eso lleva a un mal manejo de la situación, puesto que ese acto veloz puede conducir a una respuesta violenta (hacia el otro o hacia ti misma) o a la autonegación.

Algo que hago con frecuencia es comprobar mi estado emocional. En ese escáner emotivo, cuando me encuentro con la rabia, simplemente me digo a mí misma: «De acuerdo, estás sintiendo rabia y es válido».

Autoprotección y limitación

La rabia acude a autoprotegernos en un primer momento de una situación abusiva, dolorosa, injusta, amenazante, desigual o deshonesta. La liberación de adrenalina que provoca es, precisamente, para actuar ante lo sucedido, para defendernos con fiereza de ese momento presente. Con tal descarga química es difícil pensar en una solución. Por lo tanto, como hemos visto, lo primero es darnos cuenta de que sentimos rabia y validarla.

Tras eso, se plantea una pregunta fundamental: «¿Qué puedo hacer para protegerme en este momento?». Quizá sea desconectar, dar un paseo por la naturaleza, cagarte en todo en unas notas del móvil o en un papel, cantar, bailar, gritar, correr, respirar... Hay muchas técnicas para llevar a cabo en soledad y rebajar ligeramente la carga emocional. En ese momento estás protegiéndote y poniendo límites ante la situación que te rebasa. No esperes para encontrar el espacio seguro de tu rabia, es tu propio amor que debe entrar en acción para ayudarte a ti misma a transitar esa incomodidad que sientes. Y no busques librarte de la rabia, no. Lo que se pretende es amainar el fuego que arde tan adentro y que, en muchas ocasiones, nos ciega.

Una vez gestionada esa llamarada, es el momento de pensar en el para qué. ¿Para qué estás sintiendo esto? Quizá sea para aprender a poner límites ante distintas personas, límites mucho más claros y asertivos. Tal vez sea para iniciar la lucha social contra el racismo, el machismo o todo lo que estás sufriendo, o implicarte más en ella. Puede que sea el momento de dejar de obedecer las órdenes abusivas de tu jefe o de tus compañeros. O de establecer una división más justa de las tareas del hogar, o de dejar ya a ese trozo de mierda que no sabe ni fregar un plato y pretende que tú seas su esclava. Cambia el «por qué» por el «para qué». Con esta última pregunta el control y el poder quedan en nuestras manos y no en el exterior.

Ahí emprendes la acción, sí, pero desde la autoprotección y el merecimiento, desde el amor propio que sientes hacia ti misma y la responsabilidad de tu propio bienestar y paz interior.

La rabia es el motor que te lleva a colocarte donde mereces: en primer lugar.

El disfraz de la rabia

Tras esa descarga inicial, en muchas ocasiones, la rabia esconde otra emoción. Puede ser miedo o tristeza, envidia o culpabilidad... Hay muchos sentimientos ocultos bajo el primer impacto del enfado, sobre todo si eres una persona con facilidad para conectar con la ira.

Bucear en la emoción es importantísimo para saber qué hay detrás, para saber por qué se disfraza y qué estás reprimiendo y no te permites, puesto que, una vez que transitamos el enfado y el movimiento interno se calma, suele dar la cara algo más incómodo. Esto debe ser una tremenda oportunidad para conocerte más y ayudarte en tu universo emocional.

Que nada consuma tu paz

Poner límites, protegerte, no intentar drenar la energía a través del conflicto, actuar desde el amor propio... Todo esto no significa perdonar o darle la razón al otro.

Recuerda que la dedicación de energía y de tiempo para enfrentarte a una persona que ni siquiera va a hacerse responsable de lo que ha sucedido te consume en muchos aspectos. Nadie debería tener el poder de modificar tu paz interior, no se lo des. Protege tu equilibrio, tu bienestar por encima de cualquier cosa, incluso de llevar la razón a ojos de la otra persona.

Elige muy bien a quién le dedicas algo tan preciado como tu tiempo para exponer tus argumentos. No le debemos nada a nadie, no está en nuestras manos dar explicaciones constantemente sobre nuestras decisiones. Parece que las mujeres tengamos que justificar una y otra vez los pasos que damos, porque todo el mundo tiene una opinión al respecto.

Si eres una mujer emprendedora, habrás percibido que hasta la vecina de enfrente tiene la solución a todos tus problemas financieros y empresariales. Claro, desde la distancia, porque nadie está levantando un negocio como tú. Lo mismo ocurre si eres madre: parece que todos menos tú tengan el manual de instrucciones de tu hijo o hija.

Ese es el momento de coger tu rabia para protegerte, para poner un muro entre el resto y lo que quieras hacer con tu vida, que para eso es tuya. La lupa social por la que el mundo nos mira es absolutamente injusta e innecesaria, además de inferior. Me pregunto si un hombre empresario recibe tantos consejos no solicitados. O si un padre está tan juzgado por las decisiones que toma en la crianza. Creo que tanto tú como yo sabemos la respuesta, ¿verdad?

Cada movimiento que hacemos, cada *error* que cometemos, está condicionado por una opinión masiva que asegura saber infinitamente más que nosotras. A los hombres se les perdonan tantas cosas..., y a nosotras ni siquiera se nos escucha.

Si quieres dejar entrar lo nuevo en tu vida, si quieres renacer de tus cenizas, primero debes prender fuego a lo que no sirve y dejar que todo se consuma en sus llamas.

Sin destrucción no hay resurrección.

Eres capaz de hacerlo

Además de la limitación y la protección, la rabia nos recuerda aquello de lo que somos capaces. El miedo nos suele bloquear, nos invalida, nos limita, nos incapacita. La congelación que sentimos en todo el cuerpo, física y mental, viene dada por el miedo que nos frena. Por el contrario, una ira bien gestionada nos empuja a avanzar, a ser capaces, a movernos, a afrontar los retos, a conseguir los objetivos.

Este es otro de los motivos por los cuales la rabia ha estado tan limitada para las mujeres, porque la necesidad de acción y movimiento que genera es altamente poderosa. Por eso es tan importante que, a partir de ahora, te des el permiso de sentirla y utilizarla a tu favor y no en tu contra.

Recuerda que, si no hacemos algo a largo plazo con esa emoción, si sigue generando humo y llamas en ti, te vas a acabar asfixiando con tu propio motor. Eso es lo que debemos evitar.

Encuentra el equilibrio entre protegerte y moverte a tu favor. Utiliza la rabia como gasolina para conseguir tus propósitos, como muro para limitar las opiniones ajenas, como refugio para el daño externo. Ella no es tu enemiga, es tu gran aliada.

Y como ella lo somos también las demás.

VIII

NO SOMOS ENEMIGAS

Desde el inicio de los tiempos se nos ha inculcado la competitividad entre mujeres. Hemos sentido envidia, celos, odio, asco..., una cantidad infinita de emociones y sentimientos que nos distancian a las unas de las otras. La estrategia es muy efectiva: mientras estemos peleadas todas con todas, no tendremos la fuerza de la unión para derrocar un sistema tan grande como el que nos oprime.

Creo que tanto la crítica como la envidia son tendencias que hemos tenido todas en algún momento de nuestras vidas. Menospreciamos cualquier atributo que deseamos tener, porque parece que, si no lo poseemos, nadie puede hacerlo. La persona es la viva esencia de lo que tanto añoramos, eso nos recuerda lo que no tenemos y nos posiciona por ende en un espacio inferior. Para sentir esa superioridad autoinfligida decidimos criticar, así el ego se siente más aliviado.

Cuando buceé en estas tendencias, me di cuenta de que las mujeres tenemos una competición mayor entre nosotras, además de una crítica y una envidia muy arraigadas. La motivación es clara: se nos educa para ser las elegidas y gran parte de nuestras decisiones giran en torno a ese motivo. Si otra es más canónica, más exitosa, más talentosa... *más* lo que sea, entramos en la confrontación de intereses. Automáticamente percibimos a la otra mujer como más *elegible* que nosotras, eso nos quita el poder de ser vistas y nos abre la herida de la escasez y la vulnerabilidad. Lo que no aceptamos de nosotras es lo que queremos de la otra. Y articulamos mal la rabia, como hemos visto en el capítulo anterior.

La crítica nos coloca en una escala falsa de poder donde nos sentimos por encima de la otra persona, cuando en realidad nos percibimos por debajo.

Validar esta tendencia es primordial para sanarla, porque, de lo contrario, nos mantiene en la distancia y en el odio permanente, debilita cada vez más nuestros pasos y nos vuelve incapaces de articular a favor del cambio propio.

El éxito de las demás no es tu fracaso

Si percibimos el mundo como algo limitado, observaremos la riqueza y el dinero con escasez. No hay posibilidad de que la mente comprenda la cantidad de fortuna que hay en este mundo, porque, precisamente, roza el infinito. Por ello, cuando una persona hace algo parecido a lo que hacemos nosotras, sea lo que sea, no nos está quitando nada que nos pertenezca, porque hay espacio para ambas, ¡y para muchas más!

Observar el éxito de las demás mujeres no determina nuestro fracaso; al contrario, nos abre una puerta hacia un territorio de conquista nuevo que requiere más público femenino para que cambie el rumbo. Ahí cabemos todas, y es necesario que estemos todas. Su talento no eclipsa el tuyo, porque cada una es única en su totalidad. Y sé que esta mierda suena a manual de autoayuda, estoy de acuerdo, pero es la pura verdad. Cuando seas capaz de mirarte con ojos de abundancia, dejarás de mirar a las demás con ojos de escasez. Cuando seas capaz de amarte desde tu potencial infinito, dejarás de odiar a las demás por las cualidades que también existen en ti.

Entonces te darás cuenta de que, cuantas más velas se mantengan encendidas, cuantas más llamas ardan, más se ilumina la oscuridad en la que estamos sumergidas. Y solo querrás que las demás encuentren su propia luz, porque, de ese modo, nos irradia a todas.

Bendice lo que quieres

Este gesto es poderosísimo, sobre todo porque, de lo contrario, de algún modo bloqueas lo que quieres conseguir. Si criticas lo que siempre has deseado, ¿cómo vas a obtenerlo? A través del odio estás poniendo distancia entre tú y tu propósito. Y eso ya sabes adónde te conduce: a tu propio malestar, a la envidia, a la carencia.

Por lo tanto, cambia el rumbo. La próxima vez que veas algo o a alguien que representa lo que quieres conseguir, bendice su camino. Expándete a través de la admiración, de la fascinación y honra todo lo que antes podría generarte envidia. No entres en la competitividad, sino en la colectividad, en el apoyo. De ese modo también te das a ti el permiso de conseguir eso que tanto deseas, y sobre todo, de verlo en ti. En muchas ocasiones envidiamos a las demás personas como deporte olímpico cuando simplemente, girando la mirada hacia ti misma, te das cuenta de que también eres capaz de alcanzar lo que te propongas y observas satisfecha el camino recorrido.

No somos enemigas. Somos el reflejo del poder colectivo.

IX

ABUSO DE PODER

En los más de catorce años que llevo divulgando sobre sexualidad, mi responsabilidad social y, por ende, mi poder ha ido elevándose cada vez más. Esa escala me ha conducido a una sensatez y unos valores que son indestructibles en cualquier situación.

Soy una mujer bisexual y mi público es mayoritariamente femenino.

Jamás he abusado de la absoluta responsabilidad que tengo con las personas que siguen mi trabajo. Jamás me he aprovechado de mi influencia para conseguir orgasmos y experiencias. Sencillamente porque, de lo contrario, estaría abusando de mi poder. A pesar del deseo y el consentimiento que tendría por parte de la otra persona, yo no soy neutral. Hay cierto fanatismo, fantasía o jerarquía implícita entre ambas, y romper eso sería aprovecharme de una situación que, quizá, en otras circunstancias ni siquiera se habría propuesto. Sería usar mis redes, que tanto trabajo me ha costado forjar, para acceder a los deseos ajenos y satisfacer los míos propios. Sería aprovechar el fanatismo para alimentar mi ego. Y algo que parece básico, a nivel social no lo es tanto.

La jerarquía que establece el poder es evidente, hacer uso de ella es abusivo. Bajo la necesidad de sentirnos vistas y elegidas, la mirada del poder nos nutre infinitamente más. Vemos un acceso directo y sin escalas a la fama y al estatus, con la única transacción de ofrecer nuestra sexualidad. Y si encima nos pone la persona, nos gusta y nos atrae... ¿Qué problema hay?

El foco está en que el poder nos ciega en muchas ocasiones y somos capaces de cualquier cosa con tal de que nuestro ídolo nos toque. Esa persona que tantos *likes* reúne, que está encima del escenario, que tanto sabe de cualquier tema, que aparece en la televisión... se está fijando en ti. Eres la elegida.

¿Qué harías si una persona que admiras te pidiera algo que no quieres dar? A pesar de tener muy claro lo que quieres y lo que no, cuando el poder entra en el juego, todo se vuelve un poco más borroso. Quizá esa persona que tanto te gusta te propone follar por el culo y no es una práctica que disfrutes, pero... ¿qué le vas a decir? Es tu ídolo, llevas siguiendo su trabajo toda la vida, tal vez puedas probarlo un poco y darle ese placer. Y aunque en este momento tengas muy clara la negativa en tu cabeza, créeme que cuando estás ahí las cosas se ven distintas. Muy distintas.

Permíteme hacer una aclaración. Con esto no quiero decir que la gente famosa no pueda estar con gente que no lo es. De hecho, si no mantienes variedad en tu entorno, con personas que están en el foco mediático y otras que no, puedes perder fácilmente la cabeza. Pero hay una diferencia clara entre conocer a una persona a través de una *app* de citas, en un bar con tus amistades o en una boda —es decir, contextos neutros donde la jerarquía no entra en juego— y hacerlo en un espacio donde el personaje está en el foco de poder (redes sociales, conciertos, rodajes, teatros, clases o seminarios espirituales...) y abusa de su estatus de forma compulsiva para acceder a las personas.

Reconoce dinámicas de poder

Si te encuentras con una persona que admiras o sientes poderosa, reflexiona detenidamente sobre tu interés y la relación. Estas preguntas te pueden ayudar:

- ✓ ¿Por qué esa persona se interesa por mí?
- ✓ ¿Hay un equilibrio entre lo que ambas partes aportamos a la relación o situación?

- ✓ ¿Me siento capaz de decir que no sin miedo a perder la oportunidad?
- ✓ ¿Qué me atrae realmente de esta persona? ¿Es su poder/fama o algo más profundo y personal?

El deseo de ser elegidas es un espejismo que nace de los distintos sistemas de poder que se establecen en nuestra realidad. Cuando recibimos una mirada desde el estatus económico o social, la validación personal crece de manera exponencial. No solo te elige alguien, te elige *alguien importante*. Esto genera una sensación valiosa y única para el ego.

De ahí que sea imprescindible practicar la autoobservación antes de actuar. Respira hondo y siente cómo está tu cuerpo. ¿Te sientes cómoda ante la propuesta o el tonteo? ¿O hay tensión y duda, aunque sea mínima, en tu interior? Identifica también qué emoción sientes: curiosidad, miedo, necesidad de validación...

Sé consciente del contexto en el que se desarrolla este encuentro. ¿Es a través de redes sociales o en un espacio donde él está desplegando su personaje público? Fíjate en qué lugar estás tú y si percibes la jerarquía donde él tiene cierto control.

El poder de una persona puede generar mucha atracción, pero, al mismo tiempo, puede despertar miedo o inseguridad en ti. Miedo a no ser suficiente, a no gustarle, a no satisfacerle... De ahí que se puedan desarrollar prácticas que en el fondo no queremos llevar a cabo, para compensar la inferioridad o inseguridad.

Algo que tener en cuenta dentro de estos encuentros es el entusiasmo mutuo. Plantéate si estás igual de emocionada que la otra persona por lo que va a suceder. Si sientes que el otro no debería experimentar esta emoción solo porque tú no eres *importante* o famosa, ten por seguro que estás actuando desde la jerarquía. Eres una persona igual de valiosa que cualquier otra. La fama o el dinero no te proporcionan una valía mayor.

Señales de abuso de poder

1. El primer acercamiento se da en un contexto no neutro para la otra persona. Si, por el contrario, el contexto es neutro, pero el personaje usa su fama o poder para atraerte, sigue siendo señal de abuso de poder.
2. La gran mayoría de las cuentas que sigue en redes sociales pertenecen a mujeres jóvenes, más o menos desconocidas y que entran en el estereotipo de belleza establecido. Además, comenta o da *like* de forma compulsiva.
3. Su interés en tu mundo y tus emociones es nulo, o, por el contrario, se interesa muchísimo en un inicio y a medida que te conquista pierde la empatía y la escucha.
4. Usa su falsa empatía y su compromiso social para generar un espacio de confianza y poder acceder a ti con más facilidad. Esta estrategia la utilizan mucho los aliados

feministas, ciertos activistas, las personas relacionadas con la espiritualidad, los cantautores... Saben que su público es sobre todo femenino y no dudan en abusar de la falsa imagen que han construido para que las mujeres se relajen y bajen la guardia.

5. Él controla el lugar, el momento y las condiciones del encuentro.
6. Pasa con cierta facilidad al contexto sexual sin que se dé de forma progresiva.
7. Te hace sentir privilegiada por su atención. Ejemplo: «No hago esto con nadie».
8. Usa su influencia o fama para crear presión emocional.
9. Crea expectativas implícitas por estar con alguien de su estatus. Ejemplo: «Esto podría abrirte muchas puertas». «Puedo conseguirte un papel como actriz».
10. Minimiza la desigualdad en la dinámica. Si mencionas en algún momento la diferencia de poder, responde frases del estilo: «Eso no importa, en el fondo solo somos personas» o «Es que tú eres la increíble y yo me siento afortunado». Esta es una estrategia para desviar la atención del problema real y no validar la jerarquía y tu emoción frente a ella.
11. Usa su círculo cercano como validación de su comportamiento. Créeme que hay muchos, muchísimos famosos que abusan de su poder y no ven nada malo en

ello, porque prácticamente todo su entorno también lo hace.

12. Trata de mantenerte en secreto.
13. Cambia su actitud cuando obtiene lo que quiere y pasa a ser frío y desinteresado.
14. Insiste en ciertas prácticas sexuales e intenta persuadirte para que acabes realizándolas. «Me gusta el sexo duro y violento», «Mataría por sentirte piel con piel, sin barreras (condón)».

No hace falta que se cumpla la lista entera, pero es una buena guía de *red flags* que hay que tener en cuenta.

Cuidado con la diferencia de edad

A pesar de que hay un discurso social sobre que la edad no importa, en realidad es un factor importante en las relaciones. Cada miembro está en un momento vital distinto, de ahí que, en muchas ocasiones, se haga difícil forjar algo con más de una década de diferencia y a veces se establezca una jerarquía de poder basada —y afianzada— en la edad.

Personas que están en una edad adulta más madura, rozando los cincuenta años, se pueden sentir profundamente validadas si despiertan interés en jóvenes de veinte o treinta y pocos años. Y estas últimas se sienten atraídas por el poder y la seguridad que dan ciertas etapas vitales. El fetichismo de la edad es algo evidente en nuestra sociedad y debemos poner consciencia y cuidado en no caer en la idealización, la normalización o incluso la romantización de ciertas conductas.

Las personas de veinte y treinta pueden estar enfocadas a establecer su carrera, explorar diferentes estilos de vida y formar su identidad, mientras que aquellos que rondan los cincuenta y más allá pueden estar buscando estabilidad, compañía y, a veces, reconciliación con su propia mortalidad y legado.

Cuando hay una gran diferencia de edad, se pueden desarrollar dinámicas de poder desiguales: la persona mayor, con más experiencia de vida y recursos, puede ejercer un control sutil o explícito sobre la más joven y llevarla a una dependencia emocional o económica difícil de equilibrar y potencialmente perjudicial para la autonomía personal.

Aunque esta jerarquía no siempre se construye, si estás en una relación en la que os encontráis en distintas etapas vitales, te recomiendo que mantengas una comunicación abierta sobre expectativas, necesidades y límites. Reflexiona sobre tus motivaciones para entrar en una relación con una diferencia de edad significativa y asegúrate de que está basada en una conexión genuina y no en una necesidad de validación, seguridad o poder. Es tan sencillo como ponerle consciencia, nada más.

El abuso como piropo social

Seguro que, en más de una ocasión, has leído o escuchado un comentario parecido a: «pero a quién le vas a gustar, si a ti ni te violan», «no te tocaría ni con un palo» o «con lo fea que eres, a ti ni te acosan», como si el acoso, el abuso y la violación fuesen piropos para las mujeres y nosotras tuviéramos que estar agradecidas por ellos.

Lo cierto es que, durante mucho tiempo, nos hemos creído que, si no somos acosadas ni abusan de nosotras, no generamos interés. Nos enseñaron a sonreír ante los piropos que recibimos por la calle, porque eso significa que somos taaaan guapas, ¡que levantamos pasiones allá por donde vamos! De ese modo, se normalizó la ruptura de límites personales, poniendo nuestro cuerpo como propiedad pública al alcance de todos. Frases como las arriba descritas perpetúan la idea de que si te violan es porque eres guapa, ¡y deberías estar agradecida!

Escribo esto y te juro que me peta la cabeza, pero es una realidad palpable. Cuando nos damos un paseo por los comentarios de las redes sociales, los hombres siguen ejerciendo su jerarquía de poder mediante el ninguneo o el ensalzamiento de la belleza de una mujer a través de lo *violable* que sea. Y esta actitud está tan arraigada que incluso nosotras nos hemos visto pronunciando, en algún momento de nuestra vida, bromas como «es que lo violaría», entre amistades.

El abuso, el acoso y la violación nunca serán un piropo o un chiste, sino algo que hay que combatir entre todos los géneros y orientaciones, sin negar el elevado porcentaje evidente de violencia que ejercen los hombres hacia las mujeres.

Ninguna persona merece experimentar el trauma y la herida gigantesca que supone la ruptura de los límites personales y la gigante fragilidad que se siente en ese instante. Y mucho menos romantizar la violencia como un piropo social.

X

PODER FEMENINO

En una firma de libros que tuve en Santiago de Compostela una chica guapísima, con un estilo *hippie*, muy risueña, alzó la mano en la ronda de preguntas y describió con algo de orgullo y pudor su estado: llevaba una buena racha de ligoteo y folleteo, y se sentía más empoderada que nunca. «¿Hay algo de malo en esto?», me preguntó. Como autora de novelas en las que la liberación sexual es el gran foco, tal vez esperaba que mi respuesta fuese del estilo «¡No, en absoluto! Disfruta de la vida, que son dos días» y que pasara a la siguiente pregunta, pero no fue así.

Yo también había sido ella. Yo también me había sentido exultante porque no dejaba de follar, porque los hombres y mujeres me deseaban, porque allá por donde fuera me miraban, porque acumulaba más *matches* que huecos en mi agenda. Es una sensación impresionante, un chute enooorme de poder. Pero es falso y peligroso.

«¿Hay algo que te haga sentir poderosa y que dependa de ti?», le dije. Esa es una gran pregunta que cuesta mucho responder. Muchísimo. Te invito a que reflexiones también. ¿Qué te hace sentir poderosa que dependa de ti?

Esa chica se sentía grandiosa por la validación de su ser. Quizá, en ese momento, era fiel a sus criterios y a su deseo: ella se acostaba con hombres que le parecían atractivos. Pero, en un futuro, tal vez ponga la validación por encima de lo que ella quiere y ya no le importe tanto su placer como el sentirse vista. Y entonces será esclava de la mirada externa. Eso nos puede llevar a dinamitar estructuras fundamentales y valiosas como la identidad o el placer, y tras ellas caen los límites, los imprescindibles, los *nunca,* la confianza y la fidelidad a ti misma. Algo tan grande como el amor propio no puede colgar de manos ajenas.

El sistema está diseñado para que nuestro poder sea externo. Para que podamos alcanzar un estatus mediante el éxito del otro. Para que la validación sexual sea una pieza fundamental en nuestra autoestima. Para no obtener la potencia infinita que depende de nosotras mismas.

Estamos al servicio de la mirada ajena, pedimos perdón por ocupar el espacio que merecemos, nos sentimos diminutas ante el manejo del capital, no encontramos el lugar en esta representación del poder.

Durante mucho tiempo nos hemos limitado a imitar lo que ya estaba establecido: una mirada masculina del dominio y la conquista. Pensamos que para ser buenas líderes debemos ser tajantes, frías y estar desconectadas de nuestro instinto. Que por ser empresarias nuestro vestidor debe estar lleno de trajes y tacones. Reflejamos el poder que ya está consolidado en este sistema porque no tenemos referencias de otra fórmula. Y existe otra fórmula.

Resignificar el poder femenino

Durante muchos siglos, el poder femenino ha sido casi inexistente y, si se establecía, estaba asociado a la manipulación y a la seducción. Nuestra fuerza incontenible estaba subordinada a las órdenes ajenas de personas que nos tenían a su servicio. Relegadas a la crianza y a la satisfacción sexual del otro, hemos olvidado la capacidad interna, nuestro fuego interior. De ahí que, en todo este tiempo, nuestro poder se haya externalizado y se haya puesto en la mirada ajena. Dependiendo de la actitud del entorno, éramos más o menos poderosas.

El poder femenino precisa un nuevo significado social y personal. Seamos conscientes de la tremenda capacidad que tenemos como mujeres. En nosotras reside la energía creativa más poderosa que hay sobre la tierra: no solo existe la posibilidad, en algunos casos, de crear vida, sino que esa creación se amplía a todos los niveles de nuestra existencia. Esto nos convierte en una de las máximas expresiones de poder, sin necesidad de una validación externa. Somos poderosas porque nacemos poderosas, pero el mundo nos envuelve en una amnesia global en la cual perdemos la fuerza a medida que aceptamos el rol.

La representación femenina se ha asociado a la espiritualidad, al ocultismo, a la canalización del más allá, a lo invisible, a los *akelarres* alrededor del fuego, a la manifestación de realidades, a la conexión con las fuerzas sutiles. Creas o no creas en estas cuestiones, es indiferente: compartimos ancestras cuyos poderes estaban directamente relacionados con estas dimensiones. En nosotras seguimos manteniendo la creación, la materialización, la sabiduría, la fiereza. Contenemos en nuestro interior una amplia gama de polaridades que nutren nuestra identidad, y eso nos ofrece el poder más valioso: la propia mirada.

Del mundo invisible al colectivo, tenemos una capacidad innata de crear tribu, de actuar desde el grupo, de generar alianzas. Desde las manos unidas alrededor del fuego, danzando desnudas con la luna llena, hasta la tremenda chapa a altas horas de la madrugada a esa desconocida que todavía llora por su ex en el baño de una discoteca. Seguro que has participado en alguna dinámica en la que solo había mujeres, y si no lo has hecho, te recomiendo encarecidamente que lo experimentes. La energía que se crea es tremenda y el reconocimiento en cada una de las mujeres que existen en la sala es la prueba fehaciente de la magia del colectivo. Si el poder se debe manifestar en lo externo, es alimentando la unión que nos conecta a todas.

Redignificar el poder femenino

Nada de esto sirve si internamente aún sitúas el poder femenino en una jerarquía menor. Si todavía piensas en una mujer emprendedora y crees que es menos exitosa que un hombre. Si todavía aceptas cumplidos de mujeres, pero prevalecen en ti aquellos dichos por hombres. Si todavía observas la rabia femenina y la ridiculizas. Si todavía crees que no eres capaz de cualquier cosa que te propongas.

Y ese poder no supone la desconexión emocional o la falsa seguridad. Esa es precisamente la representación del masculino que, durante años, ha señalado las emociones como un símbolo de debilidad, que ha fingido estabilidad aunque por dentro sintiera un enorme vértigo. La inteligencia emocional, la vulnerabilidad o el cuidado son altamente poderosos.

El empoderamiento femenino ha reproducido lo que ya estaba establecido en el poder, aunque eso no fuese positivo. Fomentar la individualidad, la desconexión emocional y la falsa seguridad hace que se siga manteniendo la estructura deshumanizada en la que vivimos.

Existe un enorme poder en la vulnerabilidad, que reside en ser consciente y fiel a tu mundo interno, en mostrarte auténtica y aceptar tus heridas. Es la capacidad de estar abierta y presente, incluso en momentos de incertidumbre, de riesgo o de cambio.

A través de ella conectamos con nuestra resiliencia y fortaleza, nos permitimos crecer y aprender. Damos valor a nuestra identidad y despertamos la empatía humana. Nos posicionamos como un ejemplo de la totalidad que atraviesa nuestra realidad, y eso es poderoso.

Mostrarte significa aprobar tu mundo interno y reconocer la profundidad de tus emociones. Es aceptar que eres humana, con fortalezas y vulnerabilidades, y que ambas son partes valiosas de tu identidad. Cuando te permites ser vulnerable, también das permiso a otros para que lo sean, fomentando una cultura de empatía y comprensión mutua.

La vulnerabilidad no es un signo de debilidad, sino de coraje. Es la valentía de ser quien realmente eres, sin máscaras ni defensas. En un mundo que a menudo valora la perfección y la invulnerabilidad, elegir mostrarse auténtico es un acto de resistencia y de verdadero poder.

Seamos conscientes de la trampa que significa permitir que ciertas actitudes se sigan asociando al poder. Si cuando queremos sentirnos imparables imitamos roles masculinos, perpetuamos la jerarquía sistémica. Si cuando algo nos afecta soltamos un «me la suda, que le jodan» y bloqueamos cualquier emoción haciendo uso de una falsa indiferencia, jamás conseguiremos sanar. Si cuando accedemos a puestos de poder nos volvemos frías e interesadas, jamás conseguiremos dar espacio a las demás para cambiar el sistema. Si cuando tenemos empresas explotamos al personal para enriquecernos como individuos, jamás comprobaremos el poder de lo colectivo. Si nos volvemos rígidas ante la disciplina y el control, jamás experimentaremos la magia de confiar en la vida y en su movimiento.

Durante años hemos percibido que nuestra emocionalidad es símbolo de fragilidad y que esta misma es el motivo de nuestra inferioridad. Redignificar el poder femenino es hacer lo propio con el poder de las emociones. Estas nos ayudan en nuestro proceso interno, en la evolución personal, en la empatía global, en la creación y materialización de todo lo soñado. Se pueden conquistar cimas desde otro lugar.

El miedo que sentimos es el coraje dándose a conocer. La tristeza es nuestra capacidad de amar profundamente. La rabia es la energía de la transformación pidiendo acción. La calma es la sabiduría interna emergiendo en silencio. La ansiedad es la alerta de nuestro ser interior buscando autoescucha y equilibrio. La vergüenza es la autenticidad luchando por liberarse. La gratitud es la apreciación profunda de las pequeñas maravillas diarias. La nostalgia es el eco de recuerdos valiosos y el permiso que nos dimos de vivenciarlos. La culpa es el predecesor de la rendición y la autocompasión. La envidia es el reflejo de nuestros deseos no realizados, que claman atención.

Ahora piensa si todo esto no es poderoso, si todo esto te aleja o te acerca a tu máximo potencial, a tu autenticidad interna. A tu poder.

La vida es eso, un juego dramático en el que estamos inmersas. Qué pasaría si, de repente, caminaras con la cabeza bien alta y la espalda erguida. Si te pusieras ese vestidazo sin importar el qué dirán. Si le plantaras cara a tu jefe. Si no aguantaras las mierdas de ese gilipollas que te está destrozando la vida. Si te rieras de tus inseguridades. Si controlaras tus finanzas. Si te dieras el permiso para vivir la rabia y que te ayude a establecer límites. Si un día identificaras lo que te hace sentir deseada a ti que provenga de ti.

Qué pasaría si un día, solo uno, te dieras el permiso de ser y sentirte poderosa.

Porque ese poder, esa fuerza que comienza a latir en tu interior, no solo es una chispa. Es un fuego que se alimenta directamente de tu esencia más profunda: tu placer.

PLACER

I

EL ORIGEN DE TODO

Tú y yo estamos aquí gracias al sexo. Nacemos de dos células sexuales que se conectan y empiezan a crear vida. La vida que para ti es tan importante, todo aquello que te atraviesa con tanta fuerza, eso proviene del sexo. El origen de nuestra existencia tiene un denominador común y en la gran mayoría de los casos, parte de un encuentro sexual. Por eso jamás me cansaré de repetir que la energía más poderosa es la energía de nuestro origen, y se llama sexualidad.

A lo largo del libro he escrito muchísimo la palabra «permiso». Muchísimo. Y en este bloque, por supuesto, no iba a ser menos.

Las mujeres no tenemos permiso para el placer, y no solo hablo de la parte sexual, me refiero al placer en general: el placer de comer, de descansar o del ocio.

¿Cuántas veces te has comido una *pizza* o una hamburguesa y te has sentido fatal por ello? ¿O cuántas te han *sugerido* que mejor comieras una ensalada? ¿O te has sentido juzgada por tu dieta? La observación de la comida en las mujeres es algo que nos afecta a todas, sobre todo si eres una persona muy delgada o gorda. No puedes disfrutar tranquilamente de comerte unas patatas fritas con absoluto gozo. En el fondo, hay una voz que juzga lo que estás haciendo, que bromea con que «luego se quema en el *gym*», que te acuchilla porque no es saludable, que te genera ansiedad o inseguridad. Y aunque sea de una forma puntual, es suficiente para desencadenar el juicio interno (y externo en ocasiones). Adiós al placer de comer.

Cuando no hay nadie en casa, te relajas un rato en el sofá sin hacer nada. En cuanto alguien entra por la puerta, enseguida te pones a producir o a hacer ver que estás siendo productiva. Si no tienes nada que hacer, estás cansada o enferma, te castigas porque no te permites descansar y ponerte en primer lugar sin sentir culpa. Esto a mí me pasaba muchísimo, nadie me podía encontrar tirada con el móvil viendo vídeos y partiéndome de risa, ¡no! Tenía que estar trabajando, estudiando o recogiendo la casa. De lo contrario, me sentía mal. ¿Qué van a pensar de mí? Adiós al placer del descanso.

Si sales de fiesta una noche, debes ir con mil ojos para que no te droguen. Vuelves a casa y escribes a tus amigas para que sepan que has llegado sana y salva. Si te emborrachas, se lo has puesto muy fácil a los abusadores. Si te da por jugar a videojuegos, quieres llamar la atención del público masculino o eres una inmadura. Si te vas de viaje, mejor acompañada. Si eres madre, se acabaron el ocio y la diversión, porque «¿con quién está tu bebé? ¡¿Con el padre?! Qué mala madre eres». Si tienes cincuenta y te apetece hacer lo que nunca hiciste, estás viviendo una adolescencia tardía y debería darte vergüenza. Si eres una abuela moderna, ¿dónde está tu marido? Adiós al placer del ocio.

Aguantas que te estén tocando la ingle y finges que es el clítoris. Te duele la penetración, pero frunces un poco el ceño y sigues, porque no quieres cortar el momento. No quieres follar por el culo, pero lo haces por él. Te dan arcadas cuando empuja tu cabeza y lo aceptas porque sabes que disfruta de una garganta profunda. Casi nunca llegas al orgasmo, pero no pasa nada, ha estado bien. No tienes tiempo de que suba el deseo porque no hay margen para la seducción que ya está penetrándote. Te sientes culpable cuando te masturbas. Has sido víctima de abuso sexual en algún momento de tu vida. Te han tocado el culo sin consentimiento en la calle, en la discoteca o en el trabajo. No sientes deseo pero aun así terminas cediendo. Adiós al placer del sexo.

El acceso al placer vital se ha visto eclipsado por el exceso de responsabilidad que cargamos las mujeres. Además, es algo socialmente relacionado con la inmadurez y la pérdida de tiempo, y se relega a la posición de un lujo que no nos podemos permitir. Desde la religión hasta el capitalismo, el placer ha estado muy condicionado, se ha promovido su represión masiva: o es un pecado o es una pérdida de tiempo. A través del sufrimiento y del dolor es como crecemos, como conseguimos lo que anhelamos.

En términos de género, las mujeres debemos demostrar madurez, productividad y cuidado del entorno. Siempre tenemos cosas que hacer, siempre sabemos actuar. De ahí que este inconsciente colectivo con respecto al disfrute crezca exponencialmente cuando hablamos de mujeres.

De ahí que el placer sea un ámbito de insurrección. De entre todas las cosas que podemos hacer para revolucionar este mundo, permitirnos el disfrute es necesario. Poner nuestro placer en primer lugar nos hace potenciar el merecimiento y, por ende, el amor propio.

Merecemos comernos una hamburguesa sin sentir culpa, salir de fiesta sin miedo, ser madres y no perder nuestra identidad, los orgasmos, el descanso y pausar la puta productividad a la que estamos sometidas. Merecemos quedar con nuestras amistades sin pensar en las responsabilidades (o en el hombre, adulto disfuncional, que está en casa y no sabe hacerse ni un puto huevo frito), jugar como niñas, vestir como adolescentes, bailar como veinteañeras, tengamos la edad que tengamos. Merecemos un masaje. Merecemos un viaje sin la carga mental de organizar las vacaciones de toda la familia, una cena hecha, una casa recogida sin tener que repetirlo diez veces —o una, me da igual—. Merecemos masturbarnos sin culpa ni vergüenza, explorar el placer, explotar de gozo.

Merecemos el infinito placer que nos ofrece la vida. Es hora de conquistar este terreno. Por ti, por mí, por todas. Por esta revolución.

II

ENCARNAR EL CUERPO

Nuestro cuerpo es un canal para el placer. Qué agradecidas debemos estar por disponer de tantas conexiones nerviosas y neuronales que nos llevan a experimentar el mundo tal y como lo percibimos. Tu cuerpo, sea como sea su forma y estructura, te permite relacionarte con tu entorno.

Por eso, no podemos percibir el placer que nos rodea sin encarnar el cuerpo en su totalidad, desde la abundancia que nos ofrece y no desde la escasez. Ya hemos visto que, para las mujeres, eso de conquistar nuestra propia corporalidad no es algo neutral: existen muchísimos condicionantes que interfieren en el reflejo del espejo, sobre todo el juicio externo. Graduamos nuestro amor propio conforme al amor o deseo que provocamos en los demás, y eso no debería ser así. Tu cuerpo te ofrece un potencial inigualable sin la necesidad de opiniones ajenas, tienes acceso a ese placer solo por vivir. ¿No es increíble? Ese merecimiento es tuyo solo por el hecho de estar respirando.

Si de verdad quieres experimentar el infinito placer que puedes alcanzar en tu vida y, por ende, despertar el poder que hay en ti, el primer paso es encarnar tu cuerpo, es decir, ser consciente de su presencia y comprometerte con ella. El cuerpo es un ecosistema de vida tan increíble y estructurado que trabaja por ti fuera de tu propio control. No eliges cuándo quieres mear, cagar o respirar. El cuerpo lo hace todo por ti y, a cambio, solo te pide una cosa: que lo cuides. Y, oh, vaya, ¿lo haces?

Todo tiene más prioridad que el cuidado de nuestro cuerpo. Ir de arriba para abajo y que sea imposible comer saludable, por lo que acabamos tirando de bocadillos o *noodles*. No tener ni un momento de calma, porque cargas en tus espaldas las cien responsabilidades mentales y físicas de ser mujer en este mundo. Ni siquiera poder descansar sin que aparezcan el estrés, la ansiedad o el insomnio. Lo que nos rodea, la infinita lista de tareas diarias, tiene más peso que nuestra propia salud. Y el cuerpo puede aguantar, sí, pero hasta cierto punto. Ahí empezamos con las pequeñas tonterías de la somatización, que silenciamos a golpe de pastilla: un dolorcito de cabeza, una contractura, una candidiasis, un dolor de estómago...

Si ignoras la única vía de comunicación que tiene tu cuerpo contigo, prepárate, porque empezará a gritar más y más fuerte. Ahí se volverá recurrente, más crónico, y ya no habrá pastillas que ayuden a silenciarlo. Seguro que esta historia te resulta familiar.

¿Quieres tener mejores orgasmos? ¿Quieres una conexión más profunda con la vida? ¿Quieres disfrutar más de todo lo que haces? Empieza a conectar más contigo misma. Empieza a bajar más al cuerpo. Empieza a escucharte y valorarte más. Empieza a priorizarte más. Empieza a sentirte más. La expansión de tu consciencia se canaliza a través del cuerpo, este es el canal intermediario entre espíritu/alma/yo y el mundo.

Para muchas filosofías, entre ellas la tántrica, la búsqueda de la iluminación se basa en la no-dualidad, es decir, la fusión del yo con el todo. Para que esa fusión sea posible, se requiere algo básico: un punto de interconexión. Ahí entra el cuerpo, ese es tu pegamento para la expansión.

PERDÓNAME, CUERPO

No podemos crear una nueva conexión corporal sin soltar las resistencias. Para ello, vamos a hacer un ejercicio superpoderoso. Da igual dónde estés en este instante, lo más importante es no poner excusa para llevarlo a cabo. Inhala profundo y exhala, un par de veces, de forma suave y lenta. Ayúdate de esta respiración para sumergirte más en ti. Quiero que pienses en situaciones en las que hayas puesto el cuerpo en último lugar, donde hayas ignorado su presencia o la hayas menospreciado. Te doy algunos ejemplos, por si te ayudan:

- Cuando trabajaste hasta el agotamiento sin escuchar las señales de cansancio de tu cuerpo.
- Cuando ignoraste el dolor físico porque pensaste que era más importante seguir con tus tareas.
- Cuando evitaste moverte o hacer ejercicio porque te decías que no tenías tiempo para cuidar de ti misma.
- Cuando no tomaste descansos adecuados durante el día, forzándote a seguir trabajando o cumpliendo obligaciones.
- Cuando aceptaste relaciones sexuales sin estar realmente conectada con tu propio deseo y bienestar.
- Cuando te comparaste negativamente con otras personas y despreciaste tu propio cuerpo por no cumplir con ciertos estándares.
- Cuando no te permitiste disfrutar de un momento de relajación o placer porque pensabas que no lo merecías.

Tómate unos momentos para recordar varias situaciones y sentir cómo impactaron en tu cuerpo y en tu bienestar. No juzgues ni te culpes, solo observa y reconoce estos momentos. Permítete sentir cualquier emoción que surja y continúa respirando profundamente.

Ahora, lleva la mano derecha al pecho y conecta con el presente de nuevo, con la posibilidad de hacer las cosas de forma distinta. Deja que surja el perdón en ti para sanar el pasado.

Reconoce que no sabías en ese momento lo que sabes ahora, y que cada experiencia fue parte de tu proceso de aprendizaje. Siente una ligera compasión por ti misma, por tu cuerpo, que siempre estuvo allí, en silencio, esperando que lo escucharan.

Repite en tu mente estas palabras:

«Lo siento, cuerpo, por los momentos en que no te escuché, cuando te ignoré y no te cuidé. Lo siento por las veces que no te di el descanso que necesitabas, por las veces que te comparé o te menosprecié. Perdón por cada parte de mí que no confió en ti, ni en tu sabiduría o tu poder».

Deja que resuene dentro de ti y, con cada exhalación, imagina que liberas esa carga, ese dolor, esa culpa. Siente cómo el perdón se va expandiendo en cada célula de tu cuerpo. Permítete sentir alivio.

Siente cómo ese perdón se convierte en una energía que sana, que abre nuevas posibilidades y que precede a un antes y un después en ti.

ESCANEO CORPORAL

La propia percepción corporal se llama propiocepción y es clave para aumentar el placer y la sensorialidad de nuestro ser. Cuantas más partes de tu cuerpo percibas, más podrás aumentar el gozo al acariciarlas. Lógico, ¿verdad?

Para ello, debes ser plenamente consciente de tu cuerpo en todo momento. Darte un espacio al día para practicar activamente el escaneo corporal, aunque, si puedes hacerlo de forma regular, mejor.

Este ejercicio consiste en realizar unas pocas respiraciones lentas y conscientes para bajar de la mente al cuerpo y revisar qué está sucediendo en él. Cómo están tus pies, piernas, nalgas, genitales, caderas, abdomen, pecho, brazos, cuello, cara, espalda... Todo tu cuerpo, parte por parte. Puedes ir más rápido si no tienes demasiado tiempo, o tomarte un momento de calma y hacer este recorrido pausado. ¿Lo más importante sabes qué es? Exaaacto, hacerlo, perra. Ya me vas conociendo a estas alturas del libro, ¿eh?

Al principio te va a resultar algo agotador y ni siquiera te saldrá de forma natural y espontánea, casi tendrás que hacer un esfuerzo consciente para escanearte. Pero, cuando tomes cierta regularidad, tú misma te sorprenderás haciendo este recorrido en pocos segundos para revisar cómo va todo en ti. Casi vivirás en este escaneo corporal de forma permanente, y ahí podrás empezar a percibir el placer potencial que albergas en ti.

El permiso del autocuidado

Es triste que nos tengamos que dar permiso para cuidarnos, ¿verdad? Pero esto sucede, y mucho. Puedes pensar en la cantidad de veces que te has dejado para el último lugar porque pensabas que absolutamente todo era más importante que tú. Y es curioso, porque tú sin ti no puedes hacer nada. Si tu cuerpo no está en pleno rendimiento y funcionamiento, será prácticamente imposible acometer tu lista infinita de tareas.

Para ti, todo nace de ti. Por eso es importante que cuides la fuente que eres; de lo contrario, ni tus relaciones, ni tu familia, ni tu empresa, ni tu trabajo, ni tu voluntariado, ni tus amistades, ni ese largo etcétera interminable, podrán disfrutar de tu energía.

Estás por encima de todo, porque sin ti no hay nada. Por lo tanto, usa el escaneo corporal como una forma de comprobar que todo está correcto y pregúntale a tu cuerpo qué necesita. ¿Qué puedes hacer en este momento por él? Y atiende la respuesta. Tal vez sea algo sencillo como beber agua, porque llevas todo el día de arriba para abajo y te has olvidado de algo tan básico —y vital— como hidratarte. Quizá pida un pequeño paseo por el parque o yoga para estirar el cuerpo después de un día en la oficina o de estudio. Puede que una pequeña meditación guiada sea más que suficiente.

Hay un montón de pequeños autocuidados que podemos dedicarnos a lo largo del día si escuchamos al cuerpo. Pero como entres en la mente, esta te dirá que no es necesario, que está todo bien. El cerebro está diseñado para ahorrar energía porque consume un 20% de la totalidad energética corporal. Esto es una barbaridad. Por eso, lo que quiere tu mente es ponerte en modo ahorro durante toda la jornada. Para tu cabecita todo es extremo: o nos da una tremenda pereza la existencia y solo queremos estar en el sofá haciendo *scroll* en Instagram o nos volvemos hiperactivas y no encontramos ni un segundo para descansar entre las ochocientas tareas que tenemos por delante.

Existe un término intermedio que el cerebro no comprende, y son los *micromimos*. Darte un masaje de pies antes de dormir, estirar el cuerpo, entrenar un ratito, pasear por el parque mientras escuchas un pódcast, tomarte una infusión, meditar cinco minutos, ponerte tu canción favorita, acariciarte, masturbarte o disfrutar de una ducha caliente. Estos son algunos ejemplos que a mí me funcionan, tú debes encontrar los tuyos.

Y, ante todo, darte el permiso para cuidarte. De lo contrario, someterás tu vida a un sacrificio constante, un dolor permanente y un estrés crónico. Tu yo del futuro, cuando esté tocando la tumba con los dedos, hará un repaso de toda su vida y dirá: «Vaya, no he tenido ni un puto minuto para conectar con el placer que acompaña la existencia, pero al menos he puesto la lavadora».

Adueñarnos de la sensualidad

Como hemos visto en el capítulo «Poder», la sensualidad femenina está arraigada en el inconsciente colectivo como un instrumento de manipulación o como una característica propia que pertenece al mundo.

En realidad, la sensualidad es la capacidad de profundizar en la vida a través de los sentidos y dejar que estos penetren en ti. Es una característica personal y propia, no externa; una ampliación de la sensibilidad vital, que provoca un constante placer del olfato, el gusto, el tacto, la escucha o la vista. Este estado orgásmico permanente genera atracción externa. ¿Por qué? Básicamente porque todo el mundo quiere ese éxtasis vital en el que estás inmersa. Y esto provoca interés, y en muchas ocasiones se confunde con el deseo sexual. Más bien lo que se manifiesta es un deseo sensual, las ganas de observar el entorno como lo haces tú. Y eso, por ende, te convierte en una persona sensual y, por lo tanto, más atrayente —lo que también se conoce como atractiva, es decir, que atraes activamente hacia ti.

Cómo se sienten los demás con respecto a ti es algo que no puedes controlar, como ya hemos observado en «Identidad». Debes soltar la necesidad de proyectar algo específico en los demás, porque jamás estará en tu mano. Estamos rodeadas de seres humanos tan infinitamente complejos como tú o yo. Y estos están lidiando con emociones, sensaciones, pensamientos y acciones a cada microsegundo. La vida es esto, en un amplio y vago resumen.

Si cambiamos esta mirada, vuelves a redirigir el poder de los demás al tuyo propio, y, por ende, el placer vuelve a estar en tus manos. Todo lo que vayas a ofrecerte —a ti misma, insisto— en esta vida es para aumentar tu capacidad sensorial y potenciar la fuerza de tus sentidos. Por ejemplo:

En el ***tacto,*** elegir texturas en la ropa que provoquen una mayor sensación en la piel, como el satén, la seda o el algodón suave. La fluidez de la tela también hace que, durante el movimiento, se produzca una leve caricia. Lo mismo sucede con tu ropa de cama: opta por materiales que te hagan sentir mimada.

En la ***vista,*** obsérvate como un canal capaz de percibir la sensorialidad del mundo; de ese modo, cambiará tu mirada con respecto a tu cuerpo. Dejarás de poner el foco en la *forma* y empezarás a darle prioridad al *sentir.* No se trata de cómo eres —alta, baja, gorda, delgada, con más arrugas o menos...—, sino de cómo te percibes. Ponle consciencia a la luz del día, fúndete con la iluminación que baña las calles, los atardeceres, los colores de los árboles, las luces nocturnas... Deja que el sol y la luna penetren en ti.

En el ***olfato,*** utiliza un perfume que estimule tu sentido a lo largo de la jornada o incluso aceites esenciales a los que puedas recurrir para darte un pequeño chute de placer olfativo. Cuando inhales, tómate unos segundos para percibir cada nota en tu interior y déjate llevar por ella. Huele la comida, la infusión, la ropa, a las personas o a tus mascotas. Huele todo de una forma consciente.

En el ***oído,*** hazte una *playlist* que despierte tu lado más sensual. Descubre nuevos géneros, ponles consciencia a las notas, a cada detalle de cada canción. Además, recuerda que cuentas con un instrumento: tu voz. Empieza a escuchar cómo hablas e intenta darte placer a través de tu propio sonido.

Y, finalmente, en el ***gusto,*** prueba a comer de una forma consciente y a explorar cada nota de un primer mordisco o sorbo. Ese café de las mañanas, coño, disfrútalo un poquito más, porque para eso eres adicta. Prueba ese primer bocado, cierra los ojos y profundiza en el gozo de sentir esos sabores explotando en tu boca.

Quizá hayas observado que ciertas características descritas —la seda, el perfume, la voz, la comida...— se han relacionado de forma general con la sensualidad, poniendo el foco en resultar más atractivas para el otro, pero olvidándonos del placer de los sentidos. Este es el gran secuestro de nuestra capacidad sensorial y, por ende, la gran herida de la sensualidad.

Crear una rutina sensual y buscar tus propias fórmulas para potenciar tus sentidos de forma diaria te transforma; así te otorgas plenamente el poder del placer vital.

Es el momento de adueñarte de ti y, por lo tanto, de tu capacidad de alcanzar el éxtasis permanente.

III

EL ÉXTASIS PERMANENTE

El Tantra me enseñó a percibir y profundizar en el éxtasis permanente que ofrece la vida. Ese placer invisible que no observamos, del que ni siquiera estamos cerca, debido al ritmo diario y a la falta de presencia. El Tantra lo rompía todo, lo cambiaba todo. Me enseñó a profundizar en mí y a observar mi conexión con la existencia. De ahí que, cuando se habla de esta filosofía y se reduce al plano genital, me ría por dentro. Si fuésemos capaces de observar que la sexualidad está en todo, más allá de lo que tenemos entre las piernas, nos daríamos cuenta de que podemos follar diariamente con la existencia.

Te presento las cuatro llaves para el éxtasis tántrico.

1. Presencia

Vivimos como si no fuésemos a morir, y esto es peligroso, porque nos evade de la posibilidad —mortal— de exprimir el momento. Lo más bonito y más horrible que tiene esta existencia es la misma cara de la moneda: su finitud. En principio, sin ella, percibiríamos el mundo sin demasiada excitación; total, vamos a estar en él siempre, por los siglos de los siglos. Es curioso que tengamos esta misma actitud, pero con un tiempo limitado de paso. Nos importa una mierda la existencia porque siempre la hemos tenido, desde que nacemos es nuestra realidad. Pero la vida sigue sin ti; sin embargo, tú no sigues sin la vida.

El escaneo corporal o la sensualidad son herramientas que te llevan al aquí y el ahora. Ni al pasado ni al futuro. A este instante que es volátil y fugaz llamado presente, y que, por cierto, es lo único que tienes en tu poder y *control*. No te hablo de controlar lo que sucede, porque eso es imposible, sino de cómo lo percibes, que eso depende solo de ti.

Intenta vivir un poco más presente, más en el momento. Sumergirte en lo que está pasando en tu existencia, sea cómodo o incómodo. Todo forma parte de lo mismo: la vida atravesándote a ti. Agradece eso, joder, que no lo vas a tener siempre.

Haz tu rutina, que ya te la sabes de memoria, pero esta vez ponle consciencia. Escucha tus pasos al caminar o la música que suena por tus auriculares. Observa a la gente en el metro, percibe tu cuerpo en movimiento. Mira el árbol que te cruzas cada mañana o el cielo que baña tu cabeza. Déjate seducir por los rayos de sol o las gotas de lluvia, por la brisa cálida o fría que acaricia tu cara. Cada vez que comas, saborea todos los detalles y mastica bien para que tu cuerpo haga mejor su trabajo. Huele esa infusión o ese café. Acaricia las páginas de ese libro. Sonríe sin que importe el motivo, con la única motivación de que tu corazón todavía late, y eso significa que tienes tiempo, tiempo para disfrutar. Folla salvajemente con la vida y deja que te empotre contra la pared; tú, simplemente, gózatelo.

2. Respiración

¿Te has dado cuenta de la importancia de la respiración? Prueba a dejar de inhalar. En efecto, la respiración es la base de la vida y le damos una importancia nula en nuestro día a día, cuando a través de la respiración somos capaces de regular la energía corporal o el sistema nervioso.

El placer de respirar está a nuestro alcance. Si somos conscientes del movimiento de entrada de oxígeno en los pulmones, puede llegar a ser muy sensual. La respiración es el mayor controlador de nuestro vehículo: si inhalamos rápido, se acelera; si relajamos la intensidad, se calma. El problema está en que en muchas ocasiones se acelera cuando necesitamos calma o se calma cuando es preciso acelerar.

Prueba una respiración distinta cuando experimentes un orgasmo. Por ejemplo, ralentiza el ritmo, inhala y exhala con profundidad, en vez de con velocidad. O puedes contener el aliento cuando notes esa descarga.

3. Movimiento

El condicionamiento mental sobre la libertad de movimiento del cuerpo limita la propia expansión del éxtasis a través de él. Cuestionamos constantemente lo que es erótico y lo que no, lo que es raro o normal. En poquísimas ocasiones escuchamos la necesidad del cuerpo y nos ponemos a su servicio. Cuando forzamos el movimiento y la expresión corporal en una dirección, nos estamos perdiendo nuestro increíble universo de placer y de expansión.

Al ser seres sociales actuamos por imitación. Esto sucede en el baile, por ejemplo. Hay movimientos que están aceptados y alabados, y otros, mal vistos o condicionados, en gran parte por la base cultural. ¿Recuerdas la última vez que bailaste sin que te importara nada en absoluto? Quizá lo haces si estás sola en casa, y a veces ni eso.

Es vital que te des el permiso del movimiento para conectar con tu cuerpo y su sensorialidad. Para ello, te recomiendo que bailes una canción al día, mientras cocinas o antes de ir a trabajar. Pero no va a ser cualquier baile, no: vas a ser esclava de lo que pida tu cuerpo. En ocasiones buscarás canciones más electrónicas, porque tu cuerpo necesita liberar tensión, y en otras, mucho más calmadas, para fluir con la música.

No quiero que entres en juicio contigo misma. Que señales lo absurda que te ves, lo tonto que es este ejercicio, lo feo que está tu cuerpo. Esta es tu mente que te limita, pero el cuerpo te expande. Deja que esa voz suene en tu cabeza mientras le dedicas plena presencia a tu parte física durante los minutos que dure la canción.

Aunque no lo parezca, es una meditación dinámica. Una forma de conectar con el aquí y el ahora, desarrollar la autoescucha y la autopercepción corporal. Por lo tanto, si creas esta pequeña rutina en tu vida, se traducirá en una mayor conexión con la vida y su totalidad, además de un aumento de la sensorialidad y capacidad de liberación corporal, que te ofrecerá una vida más sexual.

Y, como consejo, hacer este ejercicio con otras personas (familia, pareja, amistades...) nutre profundamente la conexión entre vosotras. Es altamente recomendable.

4. Sonido

La última clave para la liberación del éxtasis tántrico es el sonido. No sé cuántas veces he escuchado a personas que se sonrojan al son de «yo no sé cantar». Todos los seres humanos sabemos cantar, está en nuestras raíces. Desde que estamos en este mundo utilizamos la voz como vía de comunicación, a través de todo tipo de sonidos. El juicio de lo que está bien o mal es algo absolutamente cultural y social, igual que el movimiento.

Nuestro cuerpo está capacitado para cantar de un modo u otro, y liberar la voz te conecta directamente con la liberación de la sexualidad. Para revivir el sonido en ti, puedes inhalar profundo y, al exhalar, generar una resonancia entre tu voz y la respiración. Presta atención a qué necesita tu cuerpo: si quiere utilizar unas vocales como la A o la O. Cada vocal que utilices generará un efecto distinto. Percibe cómo, poco a poco, la voz relaja tu cuerpo a través de su vibración.

Si el sonido está desbloqueado, verás que el placer se expande muchísimo. Cuando comas, si lo estás gozando, puedes potenciarlo con un *mmmm* que ayudará a tu cuerpo a expresarse y percibir más el sabor. Cuando alguien te acaricie, en un abrazo cálido, libera tu sensación a través de la voz. Y, por supuesto, en el sexo.

Aunque como mujeres tenemos el permiso general del gemido, a veces exageramos para preservar egos, igual que si fingimos orgasmos: no lo hacemos para nosotras, lo hacemos para que los demás no se sientan mal. Es importantísimo no caer en estas dinámicas que supeditan nuestro placer al otro.

A partir de ahora, cuando quieras gemir, que sea porque te apetece de verdad. No necesariamente debemos representar el tipo de sonido agudo estándar que la cultura del audiovisual nos ha metido en la cabeza. Si te sale un gruñido, ¡gruñe! Si es una carcajada, ¡ríete! Si quieres gritar, ¡grita! Todo es válido y necesario. Cuanto más conectes con lo que requiere tu cuerpo, más podrás mover la energía sexual.

IV

DESEO

Conocí a un alto cargo de la industria farmacéutica hace unos años. Entre los fármacos que crean, se encuentran unas pastillas para avivar el deseo sexual, en especial para las mujeres que están en la menopausia y sienten que ha disminuido. En una de nuestras charlas, le expresé la importancia de analizar no solo la parte química de la mujer, sino también el factor contextual. Básicamente ignoró mi comentario.

Cuando hablé con mi madre, recuerdo sus palabras de molestia: «Esta gente piensa que las mujeres funcionamos así: una pastillita y a follar. Qué cabreo, oye». Y, una vez más, mi madre tenía toda la razón.

El deseo sexual es algo profundamente complejo cuyo tratamiento requiere un análisis muy amplio. Sin embargo, en infinitas ocasiones asumimos que, si falta, es culpa nuestra —¿Las mujeres culpándose de todo? ¡¿En serio?!—. Que si los cambios hormonales, que si la menopausia, que si las anticonceptivas, que si la crianza, que si no soy tan sexual... Un millón de factores interfieren en nuestras ganas y casi siempre la mirada gira sobre nosotras. Pero nuestro deseo tiene contexto, y este es, a veces, más importante que todo lo demás.

El mito de nuestra sexualidad

¿Cuántas veces has escuchado que la sexualidad de las mujeres es mucho más complicada que la de los hombres? Miles, efectivamente.

Este es un mito muy arraigado a nivel social, y nos lo hemos creído, pero bien. Asumimos que un coño tiene varios botones y que provocarle un orgasmo a una mujer es más difícil que pilotar una nave espacial y viajar hasta Marte. Este inconsciente colectivo nos afecta a todas las personas, en especial a nosotras, que hemos integrado que, obviamente no nos provocan placer, ¡con lo raritas que somos!

Ya hemos visto el interés masculino que hay con respecto al universo que nos afecta; es decir, nulo. Si a esto le añadimos una increíble dificultad, generamos un halo de frustración y ensalzamiento ante nuestra sexualidad: o ni se preocupan por aprender o son el gran empotrador.

Este mito no solo perpetúa la idea de que nuestra sexualidad es un enigma impenetrable, casi jeroglífico, sino que también refuerza la idea de que nuestro placer es secundario o incluso irrelevante. Nos hace sentir que debemos ser descifradas, como si nuestro cuerpo fuera un complejo mapa del tesoro. Esto nos lleva a la desconexión con la sexualidad, a la resignación ante la ausencia de placer, al desconocimiento de nuestro propio cuerpo o a la dependencia de alguien más para descubrirlo.

La realidad es que nuestra sexualidad no es más complicada que la masculina. Es simplemente diferente. Es fundamental que empecemos a cuestionar estas narrativas y a educarnos a nosotras mismas y a nuestras parejas. La educación sexual debe ser inclusiva y comprensiva, y tiene que abordar las diversas experiencias y necesidades de todas las personas. Al desmitificar la sexualidad femenina, nos empoderamos y creamos un espacio donde el placer es accesible y necesario para todas.

En cuanto te des el permiso de autodescubrirte, te darás cuenta de lo alejada que has estado siempre de esa complejidad de la que se habla para acercarte a tu propio poder.

De «puta» a «ninfómana», la represión de nuestro deseo

El permiso del placer sexual en nosotras tiene un recorrido de poquísimas décadas. Poco a poco ha ido escalando hasta estar en unos niveles importantes, donde podemos disfrutar y *orgasmar* sin la necesidad de procrear. Pero el inconsciente colectivo sigue ahí, y la conexión del deseo sexual con la masculinidad se mantiene presente. «Ellos siempre tienen ganas», ¿cuántas veces has escuchado esta frase? Millones.*

Hemos sostenido mucha carga colectiva con nuestra sexualidad. Si socialmente existe un diccionario entero para estigmatizar a una mujer cuando tiene ganas —guarra, puta, ninfómana, zorra, suelta, fresca, promiscua, fácil, caliente, descarada, libertina, desvergonzada, perra, viciosa, ligera de cascos, seductora, calienta braguetas, cerda...—, ¿cómo vamos a sentirnos cómodas expresando nuestro deseo? De una forma inconsciente, reconocemos que estamos haciendo algo malo y, por ende, nos reprimimos.

Esto interfiere también con el otro lado de la población, los hombres. A muchos todavía les molesta que una mujer se haya acostado con las mismas personas que él o, incluso, que tenga ganas de follar y lo diga abiertamente. El impacto del poder compartido y, por lo tanto, la pérdida del privilegio masculino, hacen que no se sepan posicionar y sientan una incomodidad profunda frente al derecho sexual y a la liberación. En resumen, quieren mujeres expertas en la cama que no se hayan acostado con otra persona. No voy a dedi-

* Es curioso que en el *Kama Sutra* de Vatsyayana ya se contemplaban tres tipos de deseos distintos en hombres y en mujeres (alto, medio y bajo). En este manual sexual escrito entre los siglos II y IV d. C. aproximadamente, ya conocían la importancia de coordinar el deseo en la pareja. Una mujer con un deseo sexual alto no puede estar con un hombre con deseo bajo, y viceversa. Esto es importantísimo.

car muchas líneas a expresar lo absurdo que resulta esto y la falta de autoestima y seguridad que refleja en realidad.

Adultos disfuncionales, «matapajas» profesionales

¡Venga!, sigamos añadiendo cosas que interfieren en la construcción igualitaria de nuestro deseo: la carga mental y física. Ya hemos visto que la emancipación femenina trajo muchísimas cosas positivas, pero también negativas, y es que en la actualidad cargamos con más tareas que nunca: aparte de la jornada laboral, tenemos que hacernos cargo de la casa, la crianza, etc. Y aunque la nueva masculinidad limpie cuando se le pide, primero hay que pedirlo, y para pedirlo hay que cargar con la vigilancia y el liderazgo permanente del entorno. Esto es sumamente agotador, como veremos en el bloque «Amor».

Cuando nos damos cuenta de que no estamos relacionándonos con adultos funcionales capaces de observar que el cubo de la basura está lleno y hay que tirarla —y poner una bolsa después—, esto nos baja el deseo drásticamente. ¿Por qué? Existen estudios que confirman que cuando una mujer es maternal con su pareja y asume la carga mental del manejo del hogar, su deseo sexual baja al mínimo o desaparece por completo.* Obvio, para tu cerebro te estarías acostando con tu hijo.

* Parker, Ray, «The Effect of Traditional Gender Roles on Sexual Desire», *Psychology Today*, 22 de febrero de 2024. Disponible en <https://www.psychologytoday.com/intl/blog/extraordinary-relationships/202402/the-effect-of-traditional-gender-roles-on-sexual-desire>.

La equidad doméstica y de la crianza mantiene la pasión en la pareja, algo que me parece lógico: si tienes trescientas tareas al día —aunque debas pensarlas y ordenarlas—, acabas agotadísima y el sexo lo vives como unos deberes más entre la infinita lista de cosas por hacer. Si esta lista se comparte y no cargas con la necesidad de darle órdenes a tu pareja, sino que tu pareja se da cuenta de las cosas y actúa por sí sola —¡guau, qué loca la corresponsabilidad!—, tu descanso mental y físico aumenta, y tus ganas también.

El sexo como termómetro de la relación

Desde hace años el sexo se ha considerado un termómetro de la relación. Si disminuye o desaparece, la pareja está condenada al fracaso. Esto ha generado la presión de follar aunque no se tengan ganas, solo para *mantener sana* la relación, y ni se mantenía saludable la relación de pareja ni la tuya contigo misma.

Spoiler: la relación no depende exclusivamente del sexo. De hecho, hay muchísimas relaciones de pareja que funcionan maravillosamente sin la presión de la relación sexual, puesto que esta no puede ser un termómetro que decide si algo está condenado al fracaso o no. Existen la comunicación, la confianza, el respeto, la equidad de tareas, la seguridad, el amor y un largo etcétera que interfieren además del sexo. Este último es un ingrediente, más o menos importante para alguien, pero no es imprescindible.

Si, por el contrario, entendemos que el sexo es tan vital, consentiremos prácticas a pesar de la falta de deseo y la inapetencia. ¿Cuántas veces has hecho esto? ¿Cuántas veces has dicho que sí cuando la respuesta era no? ¿Cuántas veces has empezado para que te entren ganas después? Cuando aceptas algo que no quieres, estás fallándote a ti misma y a tu amor propio. A ti, con quien tienes la relación que más te va a durar en la vida, solo por complacer a otra persona.

El consentimiento es clave, y en los últimos años se ha puesto el foco a nivel social. Pero de nada sirve tanta reivindicación si no se relaciona con el deseo, con las ganas, con la profunda confianza hacia ti misma para cuidarte y protegerte frente a lo que quieres y lo que no. Date el permiso de decirle que «sí» al placer, pero también que «no» ante lo que no te apetece o no quieres. Eres tu propia guardiana, y esta capacidad de convertirte en tu propio refugio te ofrece muchísima confianza y poder en la vida, así como conexión con el placer.

No le debes sexo a tu pareja. Vuelve a leer: no le debes sexo a tu pareja. Te debes respeto a ti misma.

Sexo fugaz y el ritmo del cuerpo

Entendamos también la mierda de sexo que estamos teniendo hoy en día, por favor. A mí siempre me hace mucha gracia cuando nos señalan a las mujeres por la falta de deseo sexual y no se señalan por la incompetencia en ofrecer placer y aprendizaje en la cama. Se sacan la polla con una facilidad asombrosa a los cinco minutos de haberte tocado un poco las tetas por encima, y ya están dispuestos a meterla en caliente, martillear durante unos minutos y correrse tan satisfechos mientras creen ser el mejor amante que ha existido en el planeta, ¡aplausos!

Nosotras debemos estar siempre preparadas para la penetración, a pesar de que el cuerpo requiera de quince minutos para responder ante el estímulo. En muchos casos, en quince minutos ya se ha acabado todo. ¿Por qué tenemos la necesidad de ir tan rápido? Como sociedad, hemos confundido la pasión con velocidad, cuando esta, en realidad, es intensidad. Y la intensidad puede ser muuuuy lenta.

No siempre debemos buscar el orgasmo en un encuentro, la penetración, la masturbación o el sexo oral. El sexo también son las miradas, los *nudes* que enviamos, los besos apasionados en la cocina, las caricias bajo la mesa, un abrazo en el semáforo... porque sobre todo, el sexo es intimidad. Y esto es lo que se debe potenciar en una relación.

Si sabemos lo que va a pasar, si conocemos esos quince minutos en los que hay espacio para absolutamente todo menos para nuestro placer, ¿cómo vamos a tener ganas? Debemos darle espacio a la seducción, a la lentitud, a los pequeños detalles y a que no siempre acabe como pensamos que va a acabar. Habrá veces que haya protagonismo de los genitales, pero muchas otras ni siquiera se tocarán. Y esa es la gracia del sexo y su expresión, que es infinita y ofrece un espacio —necesario— al deseo y las ganas.

Si no tienes pareja, también es importantísimo que te autoseduzcas. Coger el vibrador y transitar el camino conocido está genial, pero varía los estímulos para no programar el cerebro y porque si no, después te costará más llegar al orgasmo cuando cambies de juguete.

Sin romance también es lícito el deseo

Uno de mis placeres internos es ver *realities*. Sí, lo confirmo. En muchos, el sexo está en el centro de la ecuación, como por ejemplo, *La isla de las tentaciones*, el más conocido en España. No hay temporada en la que los chicos se no acuesten con otras chicas simplemente porque les ponen las personas, mientras que ellas se crean una película romántica para darse el permiso del sexo.

El motivo por el cual sucede esto es porque las mujeres no hemos podido disfrutar de nuestra sexualidad por el mero hecho de sentir ganas y deseo, sin romantizar todo previamente. Cuando follábamos era porque nos íbamos a casar con esa persona, porque, si no, la sociedad abría ese diccionario de adjetivos, escogía uno y te lo escupía a la cara.

El sexo es amor, pero el amor no es exclusivamente romántico. Cuando intentamos evitar que un polvo nos despierte las emociones, estamos luchando en contra de la ciencia de nuestro propio cuerpo: este genera una serie de hormonas y sustancias químicas que fomentan el vínculo, la conexión y una sensación de plenitud y amor en nuestro interior.

Ese amor nos conecta como seres humanos y, aunque esto pueda sonar muy fuma inciensos, intensifica la conexión sexual y el encuentro con la otra persona, sea o no un polvo en el baño de una discoteca y no vuelvas a verlo jamás en la vida. Esas emociones son necesarias, no solo por respetar que la otra persona se sienta sostenida, sino porque tú no mereces menos. La sensación de encarnar un mero juguete sexual para la otra persona es violenta. No lo hagamos si no queremos que nos lo hagan.

Cuidar, mirar, sonreír, preguntar cómo está, acariciar, admirar, disfrutar, desear, abrazar, sudar, besar..., todo forma parte de ese instante compartido en el que dos —o más— seres humanos se fusionan. Y eso requiere amor, aunque no romance.

Démonos el permiso de follar desde el alma, sin pasar por el altar.

¿Deseo o búsqueda de validación?

Tuve una época de soltería máxima en que buscaba activamente follar y follar y follar. Me encantaba sentirme tan vista y tan deseada por los demás. Pero realmente mi deseo no era de mí hacia mí misma, no estaba en mi propio placer y en mi mirada; sino en buscar la validación masculina —y femenina— para reforzar mi autoestima a través del sexo. Sé que soy muy pesada con la validación externa, pero para nosotras es un factor que combatir, ¡lo siento! Quiéreme igual.

Este subidón puede eclipsar desde dónde se acciona: si realmente sientes deseo por esa persona y unas enormes ganas que te hierven por dentro o si, por el contrario, quieres reforzar ser la elegida, validar tu amor propio a través de la mirada externa y, de paso, echar un polvo.

¿Cuántas veces has confundido el deseo con la necesidad de validación? Es fácil perderse en el espejo de la aprobación ajena, en especial cuando la sociedad nos enseña que nuestro valor se mide en términos de cuánto nos desean los demás. Pero el verdadero poder y placer provienen de un lugar más profundo y auténtico: el amor propio y el deseo genuino.

En muchas —muchísimas— ocasiones no somos capaces de escucharnos a nosotras mismas en ese instante y acabamos diciendo que sí a besos o folleteos de los cuales no estamos tan seguras. Se requiere una profunda deconstrucción para no dudar sobre qué está despertando ese contacto, si es porque no sabemos decir que no, por complacer, por el patrón de validación o porque realmente nos apetece.

Quieras hacer o no algunos ejercicios de los que he propuesto arriba, te recomiendo que tengas estas preguntas siempre en tu mente:

- ✓ ¿Qué busco realmente en este momento?
- ✓ ¿Me siento más validada o más conectada conmigo misma?
- ✓ ¿Es por una atracción física o intelectual real?
- ✓ ¿Quiero sentirme deseada o aceptada?
- ✓ ¿Busco escapar de algún sentimiento de soledad?
- ✓ ¿Qué espero obtener de esta experiencia?

En todo caso, si quieres accionar porque buscas validación, es lícito también, pero cuidado. Ya sabemos que esto tiene consecuencias y te puede llevar a una dependencia emocional y a una constante búsqueda de validación que erosiona el sentido de identidad y valor propio.

Es fundamental equilibrar el deseo de ser apreciada con la conexión auténtica hacia nuestro propio placer y bienestar. Solo así podemos construir una autoestima sólida y una sexualidad verdaderamente empoderada.

El deseo no es una petición

Probablemente hayas tenido alguna conversación con tu pareja, ex o amante, en la que compartisteis vuestras fantasías sexuales. Tal vez en ese instante hayas vivido esa exposición de prácticas ajenas como una necesidad de satisfacer: que si un trío, que si el sexo anal, que si follar en lugares públicos... Enseguida te abraza una emoción de insuficiencia y de no ser vista o elegida si no cumples su fantasía para convertirte en su mujer perfecta.

En muchas ocasiones confundimos el deseo ajeno con una petición que hay que materializar, porque, de lo contrario, no vamos a conseguir *llenar* a esa persona. Cuando, en muchas ocasiones, un deseo no necesita ser llevado a la práctica, simplemente requiere seguir siendo eso, una idea. ¿Cuántos deseos o fantasías tienes en la cabeza que no buscan ser tangibles?

Hay un ejercicio en pareja que me encanta, en el que os ponéis frente a frente y, durante unos minutos, uno de los integrantes expresa deseos al azar mientras la otra persona escucha con atención (sin asentir, ni negar, solo escucha de forma activa). Después se cambia el rol y sucede exactamente lo mismo.

Debemos empezar a sostener la incomodidad que se despierta en el ego cuando no podemos complacer, esa misma sensación de sentir que no vas a ser la elegida, la perfecta, la mejor amante o novia del universo porque no dices que sí a todo. Aunque lo que decidas hacer sea porque realmente quieres y no por satisfacer al otro. En tu caso, ¿qué preferirías? ¿Una persona que te dice que sí solo por complacer, a pesar de que cumplir tu deseo vaya en contra de sus ganas o sus límites, o una persona que te garantiza que solo asiente ante ciertas cuestiones porque realmente le apetece y lo disfruta?

La autenticidad en el deseo no solo fomenta el respeto mutuo, sino que también fortalece la conexión y la confianza en ti. Al final, el verdadero placer reside en el respeto y la sinceridad hacia una misma.

V

UN REFUGIO PARA EL PLACER

¿Alguna vez has llorado sin motivo aparente después de follar? Quizá te ha entrado un ataque de risa tan fuerte que te han dolido las costillas después de un orgasmo. O puede que hayas sentido un vacío, un sinsentido que te envolvía en una nube gris existencial. Bien, bueno, ¡bienvenida al sexo!

El sexo es un amplificador emocional capaz de elevar nuestros sentimientos ocultos. Por lo tanto, no solo hablamos de una liberación de la tensión física, sino también de la emocional. De ahí que en muchas ocasiones podamos acceder a esa tristeza, alegría, miedo o enfado enquistado en nuestro interior con una facilidad asombrosa después de un orgasmo o de un encuentro pasional.

Además de para expandir también nos sirve como una potente herramienta de meditación que nos ayuda a conectar con el inconsciente mientras atravesamos, en mayor o menor grado, un estado alterado de consciencia. Por supuesto, esto es más que posible, y vamos a ver cómo llegar hasta ahí.

Primero, es imprescindible que conectes con toda la extensión y profundidad que guarda tu sexualidad. Esto es fundamental para tratarla con el respeto que merece y darle el refugio que necesita.

Una sexualidad consciente

En las últimas décadas, en especial con la consolidación de la pornografía, se han erotizado la violencia en el sexo, la vejación, la humillación y el consumo de cuerpos. Nos hemos acostumbrado a masturbarnos y a que se masturben con nuestro ser, sumergiendo a la humanidad en un aislamiento donde no sentimos, no percibimos, no amamos, no conectamos..., solo follamos sin responsabilidad de ningún tipo.

El sexo es una relación y como tal implica una responsabilidad afectiva, aunque esto no signifique que se requiera un modelo relacional en concreto o un plan de futuro, sino un plan de presente. De aquí y ahora. Aquí y ahora somos humanos con necesidades afectivas y una herramienta poderosísima capaz de remover emociones, el inconsciente, y adentrarnos en el trance.

Cuando hablo de erotizar la violencia me refiero a la normalización de prácticas que se llevan a cabo sin ningún tipo de consentimiento, y casi siempre hacia la mujer: asfixia, hostias en la cara, penetración violenta, forcejeo, empujar la cabeza en una mamada... Y aunque esto está socialmente aceptado, el cuerpo lo sufre en primer lugar. Es fácil que haya una pérdida de la autoescucha y de la percepción corporal, de los límites, de la equidad.

Esto son prácticas de intensidad física —cuidado, también conllevan mucho movimiento emocional y podría resultar traumático para algunas personas— que se pueden hacer en ambas direcciones. Cuando hay consenso y una conversación previa, en la que se conocen los límites y se establece la seguridad emocional de las personas implicadas, se puede jugar con el espectro del dolor y el placer. Cuando esto se hace de una forma unidireccional, sin un acuerdo establecido previamente y con la normalización actual, estamos integrando con absoluta facilidad la violencia sexual en el imaginario colectivo. Y esto es peligrosísimo.

¿En qué momento hemos erotizado más la violencia que el amor? ¿En qué momento nos pone más sentirnos sometidas, forzadas y conectadas con el dolor que deseadas, adoradas y cuidadas en el amor?

Aceptar que el deseo ajeno pase por la violencia, el descontrol, por aguantar el dolor frente a las irrefrenables ganas del otro no debe ser la norma social establecida. Tenemos la capacidad de redefinir lo que consideramos erótico, desplazando la romantización —y la desigualdad— de la violencia y colocando en su lugar el consentimiento, el cuidado y la equidad.

Es crucial que conectemos con nuestros cuerpos, que practiquemos una sexualidad consciente y respetuosa, y que nos permitamos sentir y expresar el deseo de una manera que nos haga sentir a salvo y valoradas. Solo así podremos construir relaciones más saludables y placenteras, en las que el sexo no sea una herramienta de dominación, sino una expresión de conexión y afecto.

La responsabilidad afectiva en el sexo no es una carga, sino una oportunidad para crear experiencias más enriquecedoras y significativas, y una excitación sexual que se genera con la confianza y la tranquilidad de que los límites no se van a traspasar ni va a haber sorpresas a modo de hostias o penetraciones sin permiso.

De ese modo podemos crear un espacio donde potenciar el primer paso para alcanzar el éxtasis y trabajar con la amplificación de la energía sexual: el abandono.

El abandono, la puerta al trance sexual

La creación de un lugar donde podamos relajarnos y confiar es esencial para ampliar el placer, porque sabemos que absolutamente todo lo que se haga, se va a poner en común previamente o en ese momento, y que, sobre todo, nosotras tenemos el permiso de establecer límites con sinceridad y sin congelación.

En muchísimas ocasiones vivimos el sexo con una tensión interna debido a las experiencias pasadas que casi todas hemos vivido. Nos pone nerviosas que tenga problemas con el preservativo, que se lo quite a mitad del encuentro, que realice prácticas violentas sin consentimiento, que vaya demasiado rápido y no dé espacio a la seducción, que no pare cuando nosotras lo pidamos, que nos duela la penetración, que nos haga daño en el clítoris y un laaaargo etcétera.

Esa tensión intrínseca en nosotras limita la capacidad de placer porque nos activa el modo supervivencia, y de ese modo es prácticamente imposible relajarse. Sin abandono no hay éxtasis.

Conseguir abrirse a la experiencia con total seguridad es garantía casi absoluta de una sublimación de nuestra energía sexual, de ahogarnos en placer y de sentirnos más vivas que nunca. Pero, por supuesto, para eso necesitamos conversaciones previas que nos ayuden, en parte, a ser selectivas.

Autoexploración

Es posible que percibas más o menos culpa alrededor de tu propio placer y autosatisfacción. La masturbación ha sido una herramienta muy aceptada para la mitad de la población, pero prohibida para el resto. Si tú no te conoces y disfrutas, no puedes pretender que lo hagan los demás. Aprender los movimientos que te satisfacen o cómo puedes aumentar el placer es algo básico.

Hazte con un vibrador, tócate con tus manos, prueba a mirarte en el espejo, diviértete con la alcachofa de la ducha o enrolla una toalla y frótate, ¡todo es estimulante y sensorial para tu cuerpo! Ampliar nuestra capacidad de percepción nos acerca al viaje que implica la energía sexual.

VI

ENERGÍA SEXUAL

Ojalá todos los seres humanos fuésemos conscientes del enorme potencial con respecto a nuestra sexualidad. Pero, por desgracia, como humanidad sostenemos una carga de pecado, vergüenza y culpabilidad por acceder al placer, además de una ignorancia gigantesca en torno a la capacidad física, mental y espiritual que el sexo puede ofrecernos.

Desde hace siglos, las antiguas civilizaciones dejaron constancia de estas fórmulas de sublimación del placer y de la energía, de fusión entre seres humanos, prácticas que se han enterrado en un sinfín de prejuicios hacia el propio origen de nuestra existencia. Religiones y filosofías que señalan el sexo como una práctica impura para la iluminación espiritual cuando, precisamente, nos ha dado lo más espiritual que tenemos: la vida. Y esto me parece de lo más absurdo. La humanidad ha sido tan gilipollas que ha hecho de su propio origen un tabú.

La energía sexual es una fuerza vital que reside en todos los seres humanos, y no solo se manifiesta a través del sexo, sino que nos conecta con nuestra capacidad creativa, instintiva, vitalidad física, emocional y espiritual. En algunas prácticas como el yoga o el tantra, esta energía se puede asociar con la *kundalini*, una energía con forma de serpiente que duerme en la base de la columna y puede despertarse a través de prácticas sexuales y espirituales. De ese modo, atraviesa todos los chakras hasta su sublimación. Vale, te voy a explicar esto en términos no fuma inciensos, para que puedas comprender más tu poder.

Energía *kundalini* y su despertar

Imagina que tu cerebro es un ordenador gigantesco que requiere mucha electricidad. De ese ordenador sale un cableado enorme hasta la base de tu sacro: es la médula espinal. Desde el grueso de este cable nacen otras conexiones a puntos importantísimos del cuerpo, casi principales:

- ✓ El ano y la base de nuestro cuerpo: nos conecta con la tierra, la supervivencia y nuestro lugar en el mundo (chakra *muladhara*).
- ✓ Los genitales y el útero: forman parte de los instintos, deseos, la sexualidad y la creatividad (chakra *swadhisthana*).

- ✓ El estómago: donde residen tu voluntad, tu personalidad y tu fuerza (chakra *manipura*).
- ✓ El corazón: te conecta con el amor propio y las relaciones interpersonales y emocionales (chakra *anahata*).
- ✓ La garganta: capaz de expresar tu visión del mundo, de comunicarte y de manifestar ideas (chakra *vishuddha*).
- ✓ El tercer ojo: donde se esconde nuestra intuición, la forma de ver el mundo y la sabiduría interior (chakra *ajna*).
- ✓ El mundo de los pensamientos: nos conecta con el inconsciente colectivo (chakra *sahasrara*).

Si a ese cable enorme le enchufamos más electricidad, ¿qué sucedería? Que aportaría mucha más energía y luz a todas las partes del cuerpo, incluido el ordenador principal, la mente. De ese modo, se podría percibir cualquier experiencia con más profundidad y detalles. Esa electricidad se llama energía *kundalini*.

Pero ¿y si de repente tenemos un pequeño fallo en el cableado principal? La electricidad no subiría con la misma potencia o, incluso, se quedaría estancada. Esto puede suceder si los chakras no están alineados o, en otros términos, si el mantenimiento del cableado no se ha realizado adecuadamente.

La *kundalini* se puede despertar de distintas maneras, pero una buena fórmula es utilizando la descarga energética que produce un orgasmo para levantar a la serpiente dormidita en tu sacro. Absolutamente todo es electricidad, incluida la liberación de la tensión sexual con el clímax. Cuanta mayor tensión sexual, mayor liberación y mayor electricidad. Si nos masturbamos durante dos minutos y nos corremos con el vibrador, la acumulación es mínima. Si nos dan un masaje sensual durante una hora y llegamos al éxtasis de tanta excitación, la fórmula descrita se ve drásticamente potenciada, ¿verdad?

Ahora bien, ¿cómo percibimos todo este mundo, *a priori* intangible, de energías y electricidad? Hay diversas sensaciones que te dan las claves del despertar de la *kundalini*. Puedes sentir frío o calor en la columna, cosquilleo, hormigueo, una impresión de levitar, descargas eléctricas, un oleaje, presión..., y todo de forma ascendente, desde la base de la columna hasta, idealmente, la cabeza. Aunque a veces se queda en algún punto y se traduce en una carga o densidad (por ejemplo, en el pecho o en el estómago, dependiendo del chakra o el cable que tengas jodido).

El despertar no es estético, te aviso. En mi caso me dan espasmos por todo el cuerpo, hago unos ruidos extraños y, en su conjunto, parece que me esté dando un ataque epiléptico o que esté poseída. A veces, la energía es sumamente placentera y potencia el orgasmo; otras, es dolorosa y se queda estancada en un punto, esto aumenta mis espasmos corporales para que se desatasque y acabo dándome unas buenas sacudidas contra el suelo.

Esta energía te puede cambiar la vida a todos los niveles. Si has probado alguna vez el éxtasis, la *kundalini* es como estar de subidón, pero de forma natural. Tengo siempre la broma cuando estoy en algún festival o discoteca y la gente se acerca a pedirme «lo que me estoy tomando». Yo me río y siempre contesto: «No drugs, no alcohol. Only kundalini». Al final, las sustancias potencian lo que ya está en ti y en tu cerebro, y, por supuesto, podemos acceder a ello de una forma orgánica sin la necesidad de consumir absolutamente nada. Eso sí, con mucho entrenamiento, de ahí que haya creado Santo Amor, el gimnasio para la expansión sensorial.

¡Ah! Por supuesto, en el sexo te puede ampliar un sinfín de posibilidades a cuál más alucinante. Vuelvo a ponerme como ejemplo. He experimentado estados de trance profundo durante minutos que me han llevado a viajes internos que se podrían comparar con los alucinógenos. He tenido orgasmos de clítoris, sin tocarme. He estado durante media hora en un bucle orgásmico que iba del tercer ojo hasta el último chakra y vuelta a empezar. He potenciado el placer a unos niveles que me parecían impensables hace años, pero son una realidad en mi día a día. Y, con todo esto, no quiero generarte distancia o inseguridad, ¡en absoluto! Lo que está en mí también está en ti. Como cuando vamos al gimnasio y vemos esos cuerpos fuertes: en vez de sentir envidia, acerquémonos a la inspiración de conseguirlo con constancia y paciencia.

Es tan sencillo como practicar y practicar y practicar... Pero, ante todo, creer en ello.

Tipos de orgasmos

Desde hace décadas, hemos aceptado que nuestros orgasmos se dividen en dos: clitorianos o vaginales. Esta herencia que nos dejó Freud de que el orgasmo de una mujer madura debía centrarse en la vagina, ha dado a entender que los orgasmos vaginales son el Santo Grial. Esto genera una frustración colectiva que se ve incrementada si nunca has sentido un orgasmo. Bien, vamos a romper mitos, que ya toca.

Tenemos tantos orgasmos diversos como nervios existen en el cuerpo y personas en la Tierra, ¡imagina! De hecho, si piensas en tu propia experiencia, podrías concluir que cada clímax que has experimentado era único en sí mismo. Tal vez la gran mayoría vienen de la estimulación del clítoris, pero provocan distintas sensaciones: a veces una explosión, otras un cosquilleo, quizá una risa o un llanto, una leve caricia que casi ni te enteras... Todos son únicos.

Cuando vemos los orgasmos con esa unicidad, expandimos la posibilidad orgásmica. Si nos basamos en la definición del clímax, nos damos cuenta de que la liberación de la tensión sexual acumulada se puede resolver de múltiples formas. Y no siempre es a través del clítoris ni con el subidón al que estamos acostumbradas.

Existe un orgasmo llamado orgasmo de valle o de oleaje que libera pequeños picos de placer a medida que sube la tensión. Es como cuando quieres estornudar y no puedes, vuelves a respirar y notas ese cosquilleo que te eleva la cabeza hacia atrás, pero no puedes. Exactamente ese sería este tipo de clímax. Se describe como un oleaje porque te alza ligeramente y se sostiene, para después volver a empezar.

Por otro lado, tenemos los *orgasmos expandidos*, muy parecidos a los de oleaje, pero en los que el placer se expande por todo el cuerpo. Cuando tienes una liberación de la tensión sexual, esta viaja por tu ser y llena de placer cada hueco de ti misma. La sensación, con entrenamiento y consciencia, se controla, lo que te lleva a una respuesta sexual expandida (RSE) que puedes mantener durante minutos.

Finalmente, nos quedaremos también con los *orgasmos cósmicos*, que son los que nos inducen a un trance profundo o a un estado alterado de consciencia.

La sutileza como herramienta de percepción

Estos orgasmos descritos empiezan con algo que a nivel social se nos da fatal: la sutileza. Estamos acostumbradas a grandes descargas, fuegos artificiales, empotramientos contra la pared, una intensidad apabullante para el cuerpo, correr porque perdemos el metro, beber café porque no podemos descansar, levantar pesas hasta el fallo muscular, emborracharnos, locuras, aventuras, adrenalina... Y esto cada día de nuestra vida.

Ni nos enteramos de lo que sucede en nosotras porque, como hemos visto, no encarnamos el cuerpo. Aquí reside la importancia de volver a ti y tener plena consciencia de lo que te atraviesa. Por ello, siempre recomiendo bajar el ritmo y ver cómo el universo se abre ante ti, con una belleza que habías dejado a un lado por correr y correr y correr.

El despertar de la *kundalini* se hace con sutileza, jamás con violencia —aunque, una vez que se haya levantado y la controles, vendrá con muchíííííísima fuerza—. Si estás atenta, podrás notar pequeños detalles, sumergirte en ellos y, al prestarles atención, hacerlos más y más grandes. A partir de ahí, los identificarás rapidísimo, y no solo eso: accederás a ellos siempre que quieras. Igual que los orgasmos, no eres consciente de que tu cuerpo ya te está dando un oleaje de placer, pero quieres el pico durísimo al que estás acostumbrada.

Sal de tu mente y ábrete a nuevas posibilidades que existen y residen en ti.

Técnicas de elevación de la energía sexual

Para potenciar el placer y la energía sexual (o *kundalini*) hay distintas técnicas. No quiero entrar en demasiados detalles de prácticas específicas del yoga o del tantra, como la respiración *kapalabhati* o ciertos asanas que pueden favorecer ese movimiento energético. Voy a aplicar técnicas que podemos hacer todas las personas, estén o no conectadas con la parte espiritual.

1. ***Autocomplacencia.*** Se trata de satisfacer los propios deseos del cuerpo, no de la mente. Y esta puntualización es importante. Cuando escuches tu campo corporal, este te va a pedir una serie de cosas: moverse un poco, cambiar la postura o incluso, tal vez, un espasmo que tu mente había bloqueado. La dinámica entre ambos funciona así, la mente provoca o impide un arsenal infinito de movimientos corporales. Cuando nos damos el permiso de escuchar y de complacer lo que requiere el físico para expandir el placer, el cambio es drástico.
   En mi caso, la energía *kundalini* se despertó de forma muy progresiva y sutil. En un masaje tántrico que me estaban dando durante una formación, sentía que mi brazo quería moverse un poco, como un brinco. Le di el permiso. Después el cuello, el pie, la mano... Cuando me di cuenta, tenía espasmos por todo el cuerpo, que me provocaban un placer inimaginable y una descarga eléctrica constante por la columna. Ahora ese trámite es mucho más rápido, porque la mente no obstruye al cuerpo, hay plena sincronía entre ambos.
   Baja al cuerpo a través de las sensaciones, percibe los detalles y, si tu cuerpo te pide algo (un gruñido, una postura, un espasmo, una tensión o distensión muscular...), ¡dáselo!

2. ***Creas lo que crees.*** Esto es una frase de autoayuda barata, vale, lo acepto, pero de verdad que es tal cual. Si creemos que somos malísimas haciendo algo, lo vamos a ser,

como cuando vas en bici: si tu mirada se dirige a la piedra que quieres evitar, te la vas a comer. Si no crees en la energía *kundalini* y en la posibilidad de tener distintos orgasmos, no la vas a crear. El poder de la mente es algo impresionante. La ciencia lleva décadas investigando la capacidad de autosanación con métodos placebo. Por lo tanto, si te imaginas esa descarga eléctrica, pones foco en el cosquilleo de la espalda o coges tu energía orgásmica y la mueves a nivel mental, esa es la realidad que vas a construir y disfrutar. No hay más.

3. ***Mulabandha.*** Esta es una de las herramientas más poderosas para despertar la energía sexual. Se trata de contraer el agujero vaginal con fuerza y soltarlo. Contraer y soltar, contraer y soltar. Si estás haciendo esto mientras me lees, te habrás dado cuenta del ligero gustito que te puede dar. Puedes probar a ponerte una música con tambores y practicar esta técnica de menor a mayor velocidad. Otra fórmula brutal para elevar el orgasmo es utilizando *mulabandha* —y tu imaginación— para absorber la energía hacia arriba. Esto se conoce en el taoísmo como *absorción orgásmica ascendente.* En vez de relajar la musculatura, se contrae y se absorbe, imaginando que ese orgasmo se lo traga tu coño y sube por tu cuerpo. Muy *random*, lo sé, ¡pero funciona!

4. ***No tengas miedo al placer.*** ¿Cuántas veces has sentido un placer enorme y has parado la experiencia? Buscamos activamente sentir más y expandirnos, pero, cuan-

do sucede, nos bloqueamos y paramos la sensación. Esta es la paradoja del placer y del miedo. Cargamos con tanta vergüenza y culpabilidad, sobre todo las mujeres, que cuando sospechamos que está siendo demasiado nos desconectamos y bloqueamos la entrega total a la experiencia corporal. Es común que nuestra mente consciente intervenga tratando de protegernos de lo desconocido o de lo que percibimos como peligroso. Este miedo al placer se manifiesta de varias maneras, como tensión física, pensamientos intrusivos o incluso la interrupción deliberada de la experiencia.

Para ello puedes empezar con una exploración gradual, con pequeñas dosis, y aumentar tu tolerancia. Explora tus límites de manera que te sientas segura y cómoda. Otra opción es relajar la mente a través del baile, del canto de mantras o de la respiración. De ese modo, no boicoteará el placer que estás sintiendo. Y, por supuesto, las afirmaciones positivas como «Me permito sentir placer» o «El placer es un lugar seguro para mí» pueden ayudarte en la apertura sexual —y vital—.

Cuando te das el permiso del placer y dejas el miedo a un lado, accedes a espacios poderosos de ti misma.

5. ***Respiración y movimiento.*** No vamos a entrar demasiado en detalles técnicos, pero sí en el modo en el que respiramos durante el sexo o los orgasmos. Esa respiración rápida y acelerada entorpece la profundidad. Prueba a inhalar rápido y exhalar lento cuando alcances el

climax. Observa qué sucede en tu cuerpo. Junto con la respiración, muévete con libertad: las caderas, la espalda, la cabeza... Deja que tu físico se exprese y sea un canal para favorecer el placer.

A partir de aquí, paciencia. Darte el permiso de disfrutar y gozar es el primer paso, junto con la consciencia de que el sexo puede ser mucho más extenso de lo que nos han hecho creer.

Sentir placer, sublimar la energía sexual y abrirte al gozo no es pecado, ni algo a evitar, ni por lo que sentir vergüenza. Es honrar nuestro origen cada vez que volvemos a él.

VII

SANACIÓN A TRAVÉS DEL PLACER

Como sociedad judeocristiana tenemos altamente arraigado el sufrimiento y el dolor como herramientas de sanación. Parece que, si queremos curar nuestras heridas, debemos hacerlo a través de revivir el trauma una y otra vez. Si queremos conseguir nuestros sueños, debemos cargar con un sacrificio monumental.

Sinceramente, creo que no hay nada más sanador que el placer. Soltar la carga, enfrentarte a la oscuridad, cerrar ciclos, atravesar duelos... desde el amor, el cariño, el goce, la expansión, la amistad, el éxtasis, la presencia, la liberación. Nos han enseñado a recrearnos en el dolor, a abrazar el sufrimiento como medidas de tratamiento profundo. Y, por supuesto, es importante no ignorar las emociones y darles el espacio que requieren, pero es innegable que nos relacionamos con más facilidad ante la congoja que ante el goce.

Cuando sanamos a través del goce, no estamos buscando desesperadamente un interruptor que nos quite el sufrimiento, en la gran mayoría de las ocasiones, en formato de adicciones, consumismo excesivo o repetición de patrones. El desequilibrio y el arraigo en el dolor nos acciona de forma desesperada a buscar una tirita para una hemorragia. Eso nos lleva a entrar en la mente, dejar el cuerpo a un lado —mientras este somatiza y somatiza—, y activar los vicios y recorridos de pensamientos ya transitados y conocidos.

Ábrete a que la vida te empotre contra la pared, no frenes la intensidad que te eleva hacia un nuevo plano desconocido, hacia una expansión de la capacidad de éxtasis que albergas. Hazte responsable de tu propio placer. Tú contienes la sabiduría de tu disfrute. Deja de poner el peso en lo que hagan los demás, porque eso te exime de hacerte cargo y de ser dueña de ti misma.

Llevo trabajando y entrenando para expandir mi placer desde 2018 y, hasta hace relativamente poco, atribuía mi éxtasis a los demás. Cuando me reunía con mis amigas y explicaba el encuentro de la noche anterior, casi siempre soltaba frases como «es el mejor amante que he tenido», ¡con casi todas las personas con las que me acostaba!

Me di cuenta de que mi capacidad de placer estaba en pleno crecimiento y cada vez podía controlar con mayor eficacia mi energía sexual, la expansión de los orgasmos y la ascensión a estados alterados de consciencia. Por supuesto, también es importante que la persona tenga ciertos mínimos (escucha, comunicación, espacio seguro, cuidado...), pero el gran peso del éxtasis está sobre mis espaldas. Y eso es maravilloso, porque cuando todo depende de ti misma, nadie te roba ni tu placer, ni, por supuesto, tu poder.

Durante siglos se nos ha mostrado que nuestro espacio es un lugar de sometimiento y sufrimiento, de sostén, de carga, de pesadez. «Las mujeres estamos más preparadas para aguantar el dolor», ¿cuántas veces has escuchado esto? Este pensamiento está arraigado en el inconsciente colectivo y nosotras, desde que somos muy pequeñas, entendemos que nuestro lugar está cerca del suplicio, que la fórmula para la sanación pasa, obligatoriamente, por el sufrimiento. De ahí que aguantemos relaciones tóxicas, faltas de respeto, violencia de todo tipo, una fricción durísima en el clítoris y, en general, la subordinación global que nos lleva a fingir placer —y a abrazar el tormento de forma silenciosa— para no incomodar.

Alejarnos del placer es una estrategia de manipulación para que mantengamos el privilegio ajeno de la comodidad y la facilidad. Esto es un equilibrio perfecto: si tú estás aguantando, hay alguien que está poniendo su peso sobre tus espaldas. No podemos aguantar algo que no está alineado con nuestro verdadero ser sin pagar un alto precio: el propio bienestar.

Cuando sacrificamos nuestro placer para satisfacer las expectativas y demandas externas, estamos permitiendo que otros dicten nuestra realidad y nuestro valor, lo cual nos convierte en seres más dóciles y, por ende, más fáciles de controlar.

Permitirnos sentir placer es un acto de resistencia y de empoderamiento. Es rechazar la narrativa que nos dice que debemos conformarnos con menos, que debemos soportar y aguantar en lugar de expandirnos. Al abrazar el placer estamos desafiando un sistema que se beneficia de nuestra conformidad y sumisión.

El verdadero equilibrio se encuentra en permitirnos celebrar el placer como una parte integral de nuestra existencia. Al hacerlo, no solo nos liberamos a nosotras mismas, sino que también inspiramos a otras a hacer lo mismo. El placer sana, además, el linaje que cargamos.

Acércate al placer con apertura. Deja que este te guíe hacia una vida más auténtica y plena, en la que el merecimiento sea un reflejo del profundo amor propio. Tú eres capaz de abrir o cerrar las puertas a aquello que nutre u obstruye tu placer y, en consecuencia, tu poder.

KIT DE EMERGENCIA EMOCIONAL

Este ejercicio es uno de los mayores tesoros del autocuidado que puedes ofrecerte. Se trata de crear un kit de emergencia para poder sostenerte y conectar con el placer y el amor propio, sobre todo en momentos de crisis, cuando nos olvidamos de lo que nos apasiona y nos encanta, para adentrarnos en un bucle de «todo mal».

Debes crear este kit en un momento en que te encuentres estable y en calma. De lo contrario, te va a resultar difícil descubrir qué te gusta hacer. **Escribe en una libreta o en tus notas del móvil las prácticas que te hacen sentir llena y te acercan al placer.** Si puede ser, que sean ejercicios que no involucren a nadie más, solo a ti misma. Indica también el tiempo mínimo que necesitas para desarrollarlo. Te doy algunos ejemplos de mi lista:

- Cantar con el *shrutti box* o con el tambor chamánico (10 minutos).
- Tumbarme en el parque bajo el sol y respirar profundo (15 minutos).
- Investigar y estudiar sobre sexualidad ancestral (1 hora).
- Entrenar con pesas y sentir la fuerza en mi cuerpo (1 hora).
- Meditar a través del baile y del movimiento (15 minutos).

- Comer en mi tailandés favorito mientras leo un libro (30 minutos).
- Escuchar un mantra o raga (5 minutos).

Este autoconocimiento te ayuda a sostenerte en momentos de bajón y, sobre todo, a volver a conectar con la esencia de la vida y el placer de estar en ella. El tiempo para llevarlo a cabo es vital para que la mente no te boicotee. Si solo leemos las prácticas en un momento de ansiedad o malestar, tus pensamientos te llevarán a la pereza o al bloqueo. Pero cuando vemos el poco tiempo que debemos dedicar a estar bien, no tenemos excusas. Por ello te animo a que pongas ejercicios más cortos (escuchar una canción) y otros más largos (pasear por el parque).

Hasta el momento, casi todos los ejercicios y reflexiones parten de ti hacia ti misma. Es vital que entendamos cómo cambia nuestro mundo cuando giramos la mirada hacia nuestro ser y ponemos el amor propio en primer lugar.

La identidad, el poder y el placer son la base de nuestra propia evolución, merecimiento y liberación. Pero no tiene sentido si arriesgamos todo esto por el deseo y la necesidad de ser amadas.

AMOR

I

LOS HOMBRES DE MI PASADO

Desde que soy pequeña, mi relación con el amor y los hombres ha sido una tremenda lucha. Mi padre era un hombre particular, con sus miedos extremos a la sociedad, su aislamiento y su peculiar lenguaje del amor. Honro a mi padre, hizo lo que pudo con las herramientas que tenía, pero inconscientemente aprendí que debía esforzarme muchísimo para ser vista y validada, y aun así, no conseguía el refuerzo que como niña me hubiese gustado. En contraposición, hubo otra figura masculina que tuvo mucha relevancia en mi vida, mi tío —Vicente, Vicente, Vicente—, alguien para el cual, hiciera lo que hiciera, siempre estaba mal. Un misógino que me humilló delante de todo el mundo cuando me crecieron las tetas o que me llamaba *tonta* a tiempo completo. Bien, esta historia ya te la he explicado, pero vamos a ver cómo eso influyó en mi vida romántica.

Entendí que había dos posibles hombres de los que enamorarme: el maltratador o el inaccesible con sus peculiaridades emocionales. Con esta mochila de referencias nefastas, he ido manteniendo relaciones románticas desde los catorce años —¡yuju! Qué diversión— en las que me tenía que esforzar muchísimo para que funcionasen, y mi instinto de supervivencia estaba más activo que mi seguridad y mi calma.

Este es el último bloque del libro y te adelanto que no va a ser nada fácil, ni para ti ni para mí. Primero, porque voy a poner mi historia y mis heridas, como he estado haciendo hasta ahora, al servicio de la cuestión, y estas me duelen muchísimo. Y segundo, porque tendrás que ser irremediablemente sincera contigo misma si quieres cambiar la insatisfacción amorosa y relacional que, casi todas las mujeres, cargamos en nuestro interior.

Ser consciente de tu tendencia y, ante todo, tener la voluntad de romperla es la única fórmula para acabar con la rueda de relaciones tóxicas que siempre giran hacia el mismo lugar. Tú eres la única responsable de ti misma, la única capaz de sacarte de dondequiera que estés o de cambiar la realidad que te aflige.

II

EL –PUTO– DESEO DE SER AMADA

Desde que tenemos uso de razón, llevamos viendo películas románticas que alimentan el inconsciente colectivo de ser vistas para existir. Personajes de cuento, reporteras, oficinistas y, en general, mujeres vacías que sobrevivían a golpe de tristeza y copas de vino. Mujeres cuya vida no era validada porque no había a su lado otro ser que observase cómo se movía o que riese sus bromas y admirase su estilo.

Esa necesidad de ser vista se ha clavado en lo más profundo de nuestro ser, tanto, que somos incapaces de sentir plenitud si no nos observan. ¿De qué sirve bailar frente al espejo si nadie nos admira? ¿De qué vale cocinar riquísimo si nadie lo prueba? ¿Para qué ser una tía divertida si nadie se ríe nuestras bromas? ¿O quién quiere tener estilo propio si nadie lo refuerza?

La búsqueda de la mirada externa nos hace adictas y, por lo tanto, sumisas. Y, a falta de unos ojos románticos que nos refuercen todo lo que somos, usamos el móvil para que nos miren en redes sociales. Somos expertas en ignorar nuestro propio amor y reconocimiento, porque soportamos una inseguridad tan grande con la realidad que debemos reforzar que no nos inventamos nada. ¿Y si pienso que soy una tía superinteligente y resulta que soy idiota? ¿Y si creo que estoy buenísima pero el estándar de belleza me demuestra lo contrario? ¿Y si lo que yo pienso y siento no tiene tanto peso como lo que piensa y siente una persona ajena a mí que no me conoce de una mierda?

De todo este enredo nace uno de los yugos más grandes que asfixian a las mujeres, como ya hemos visto con anterioridad: el puto deseo de ser amadas. Un deseo capaz de poner en peligro tu identidad, tu poder y tu placer, e instaurar el gran miedo con el que nos han amenazado durante siglos y siglos: el miedo a estar solas.

Miedo a estar solas

En un vídeo de Instagram, un tipo me dejó un comentario —finjamos que— interesante: «Al final acabarás rodeada de gatos y de vino». Lo que para él era el mayor insulto que podía escupir en una red social, a mí me parecía el mayor planazo de la historia —excepto por el vino, porque soy abstemia, pero ¡ay, los gatitoooos!

Es innegable que a las mujeres se nos ha instalado el miedo a la soledad. Desde películas donde se caricaturiza a la eterna solterona hasta cotilleos diarios de «se le ha pasado el arroz» o «al final será una loca de los gatos», tantos estímulos que nos alejan de poder ser dueñas y señoras de nuestra propia vida, y nos llevan a aguantar mierdas ajenas con tal de ser amadas y no caer —¡nunca, jamás!— en la *soledad.*

Ese miedo a estar solas nos ciega ante la evidente soledad que ya sentimos en la relación. Ni vistas, ni escuchadas, ni amadas, ni respetadas. Acabamos siendo esclavas de otra persona, aniquilando toda nuestra libertad y amor propio con tal de no caer en la idea generalizada de que «más vale mal acompañada que sola», ¿o no era así el dicho?

La interminable falta de permisos que tenemos las mujeres, como hemos visto a lo largo del libro, acentúa nuestra incapacidad para crear nuestra propia realidad. Tenemos tan metido en el inconsciente el puto deseo de ser amadas que sacrificamos lo más preciado que tenemos, la vida, con tal de adentrarnos en el canon.

¿Te quedas por amor o por miedo? Esa es la gran pregunta. Si te quedas por amor, recopila todo lo que consideras que está dentro de una fórmula saludable y equitativa. Pero, si te quedas por miedo a no estar sola, serás capaz de aguantar todas las mierdas que existan en este mundo con tal de no enfrentarte a una posibilidad que —casi te aseguro— será mejor.

Seductoras o rescatadas, la dicotomía de la feminidad

Hace un tiempo, una compañera empezó a trabajar con un asesor financiero para que la ayudara con los inicios de su marca personal. Durante una conversación, ella compartió conmigo que si él no la salvaba o ella no lo podía seducir, ¿qué hacía con un hombre? Su reflexión era buenísima, porque, en efecto, el vínculo con la figura masculina no es algo neutral para nosotras.

El cuento de la princesa en apuros está grabado en el inconsciente colectivo, y desde ahí actuamos ante la presencia masculina en nuestra vida. Como a las mujeres se nos ha rebajado al mínimo exponente, pensamos que la única valía que tenemos es la seducción, en la que representamos un territorio de conquista. Si esto no sucede, en muchas ocasiones sentimos que algo falla, que ya no somos atractivas o deseables. Puede que accionemos desde el otro lado del pensamiento colectivo, donde los hombres siempre han tenido solución para los problemas. En muchísimas ocasiones ambas tendencias confluyen y dan como resultado a la princesa que se enamora del príncipe que la rescata.

Hay un término medio y es necesario. No siempre seducimos, no siempre salvamos y no siempre nos salvan. El equilibrio en la mirada hacia la figura masculina es inevitable para romper con el patrón inconsciente que ocupamos cuando estamos delante del otro.

Este equilibrio conlleva reconocer y rechazar estos roles tradicionales y esforzarse por construir relaciones más equitativas. Son fundamentales la autoescucha y la autorreflexión, y la conciencia de esta dicotomía en nuestra vida. ¿Cómo actúas delante de un hombre? ¿Qué tendencia se dispara en ti? ¿Es la necesidad de validación, de ser vista, de ser rescatada —tendencia a la inferioridad—? ¿O es la inclinación a demostrar tu supremacía intelectual, física o vital, a ser la salvadora que cambiará su vida por completo —tendencia a la superioridad?

III

EL VENENO

Sabemos reconocer con cierta facilidad el maltrato físico. Durante años hemos visto anuncios de mujeres con ojos amoratados en los que se denunciaba la violencia machista. Sabemos, más o menos, identificar la violencia sexual o el abuso, pero nos cuesta horrores señalar la violencia emocional, y más con la llegada de los neomaltratadores.

Nadie es capaz de cuestionar el maltrato si observa que a una mujer le han dado una hostia, pero la constante negación de la violencia emocional genera un veneno silencioso; incluso nosotras somos partícipes de poner en duda la historia de otras. Tal vez en tu vida hayas percibido esta invalidación: a pesar de contar tu historia, te siguen ninguneando desde el «está despechada». Ya hemos visto que la credibilidad es un privilegio que nosotras, por desgracia, no tenemos.

El veneno de la manipulación emocional deja heridas tan profundas que tardas años en identificar. Quizá nunca te des cuenta de lo que sucede, de por qué de repente dudas de ti misma, del miedo que sientes al iniciar algo con otra persona, de ciertas obsesiones..., porque parece todo un espejismo que te toca de lejos, aunque esté bien cerca.

Este capítulo puede ser difícil de leer. Muchas de nosotras hemos pasado por este tipo de relaciones. No estás sola en ese dolor que puede despertarse. Estoy a tu lado con todo mi amor posible, de corazón. Tu herida es la mía. Mi herida es la tuya. Te acompaño como tú me acompañas a mí.

Celos y posesión

Las personas no somos un objeto que se pueda poseer, pero, durante las relaciones, sentimos que nos pertenecen y, a veces, entramos en dinámicas muy jodidas donde la obsesión y la falta de libertad interfieren continuamente. Esta tendencia suele encontrarse en todos los géneros y orientaciones sexuales, puesto que está tan arraigada en el inconsciente colectivo que lo hemos aceptado como una muestra de amor.

Desde la adolescencia hemos escuchado eso de «si está celoso es porque te quiere» y, por ende, hemos justificado un montón de mierda bajo el lema del amor incondicional. Incluso ciertas generaciones buscan activamente esta forma de demostrar el afecto, y es algo que parece supersano y divertido, pero no lo es. En absoluto.

Los celos son emociones complejas que requieren otras emociones simples como el enfado, el miedo o la envidia. Es un cóctel difícil de controlar que casi siempre detona a través de la rabia y la obsesión, con el trasfondo del terror absoluto a la pérdida.

Todo ser humano ha sentido en algún momento de su vida celos, pero cuando actuamos a través de ellos y nos invaden, tenemos un problema. Empezamos a controlar las redes sociales, espiamos el móvil, perseguimos a nuestra pareja o interferimos en la libertad de ponerse cierta ropa, maquillaje o hacer distintas actividades. Por supuesto, en este caso, podemos ser víctimas de esta dinámica, ya sea de forma activa, es decir, somos las que tenemos actitudes de celópata, como pasiva, cuando somos las controladas.

En un tipo de relación, sea monógama o no monógama, los celos se activan bajo dos premisas: como respuesta ante la ruptura de un acuerdo establecido, por ejemplo, liga con otras por las redes sociales sin que te enteres, o como necesidad de control y paranoia, ya sea porque se llevan en la mochila experiencias pasadas traumáticas, porque en la mentalidad eso es una muestra de amor o porque es una conducta machista de control hacia la mujer.

Ten en cuenta que, si esa persona quiere ser infiel, lo va a ser, la limites o no, porque esto no depende de ti, no es tu responsabilidad. Lo único que sí puedes decidir es qué haces ante esta falta de respeto.

Es crucial romper con la idea de que los celos son una muestra de amor. El amor saludable se basa en la confianza y el respeto mutuo, no en el control y la posesión.

Luz de gas o *gaslightning*

Esta es una técnica de manipulación que se basa en que una persona (o grupo) hace que otra persona dude de su percepción de la realidad, memoria o cordura. Es una de las estrategias más jodidas de superar, puesto que, a pesar del paso del tiempo, sigues dudando de tu propia realidad y de si, en efecto, estás loca.

La luz de gas es una técnica que desgarra poco a poco la autoestima y la confianza de la persona, mientras que se genera una dependencia emocional y casi vital con el manipulador, puesto que solo él tiene razón y está en lo cierto. Entre las señales de alerta posibles, encontramos:

- ✓ **Negación constante.** La persona que manipula niega hechos o eventos que la víctima recuerda claramente, mientras alude a su falta de memoria.
- ✓ **Distorsión de la realidad.** Se narra una realidad totalmente distorsionada para que la víctima dude de su propia percepción.

- ✓ **Descalificación de las emociones.** El manipulador tacha de exageradas y de irracionales las emociones que la víctima está sintiendo.
- ✓ **Aislamiento.** En ocasiones, se puede dar un aislamiento de la víctima ante familiares, amistades o demás vínculos.
- ✓ **Contradicciones y mentiras.** La persona miente de manera constante y genera incoherencias haciendo que la víctima dude de su propia percepción.
- ✓ **Proyección.** El manipulador acusa a la víctima de comportamientos y actitudes que él mismo tiene; de ese modo, distrae la atención y, por supuesto, su responsabilidad.

El dolor después de darte cuenta de la manipulación vivida es gigantesco y, por desgracia, en muchas ocasiones deja una herida que tarda tiempo en sanar. Se requiere un gran trabajo terapéutico de autoestima y autoconfianza para volver a creer en una misma y en los demás.

Narcisismo

Dentro de las dinámicas de poder y abuso relacional, existe un perfil psicológico protagonista: el narcisista. Es una personalidad que se caracteriza por un sentido exagerado de la propia importancia, una necesidad excesiva —y activa— de admiración y validación (social, sexual, laboral) y falta de empatía hacia los demás, aunque en muchas ocasiones muy bien enmascarada.

Estos rasgos se pueden identificar en distintos tipos de narcisistas:

- ✓ **Narcisismo grandioso.** Tiene un ego inflado bañado en arrogancia, búsqueda constante de atención, comportamiento explotador y manipulador. Suelen ser personas encantadoras y carismáticas en un inicio, pero su necesidad constante de ser el centro de atención y el desprecio hacia los demás se hacen evidentes. Diría que este es el perfil más fácil de identificar.
- ✓ **Narcisismo vulnerable o encubierto.** Son hipersensibles a la crítica, cargan con una inseguridad y una ansiedad tremenda, y están en una profunda búsqueda de validación constante. Estas personas suelen parecer tímidas o inseguras, pero reaccionan de forma exagerada ante las opiniones dispares y tienen una constante necesidad de reconocimiento y afirmación externa. Por supuesto, jamás asumen la responsabilidad ante ninguna situación y son víctimas del sistema a tiempo completo. Este perfil es mucho más difícil de identificar dentro del narcisismo. Si estás con este tipo de personalidad, es probable que la gente cuestione tu credibilidad o tus vivencias antes que su persona.

✓ **Narcisismo comunal.** Muy de la mano con el anterior, estas personas son grandes altruistas y especialmente compasivas. Tienen la necesidad de ser vistas como una persona moralmente superior. Su motivación no es participar en luchas o movimientos sociales, sino ser reconocidas por ello.

Algunas señales para identificar un perfil narcisista son:

✓ **Hipersensibilidad a la crítica.** Se pueden sentir profundamente atacados por comentarios que otros podrían ver como constructivos o, incluso, triviales.

✓ **Búsqueda de admiración y validación.** Necesitan de forma constante la validación de los demás, ya sea a través de luchas sociales, de relaciones sexuales, de redes sociales, de estatus, de ocio...

✓ **Victimización constante.** Tienen una falta enorme de autocrítica y no reconocen nunca sus errores o fallos.

✓ **Culpabilización externa.** Culpan a los demás, a la vida, al sistema o a ti, de cuestiones que nacen de su propia responsabilidad.

✓ **Envidia y resentimiento.** Pueden sentir envidia y resentimiento por los éxitos ajenos.

✓ **Falta de empatía.** Aunque normalmente en un inicio no se suele vislumbrar —por la necesidad de aprobación—, a la larga carecen de empatía ante las emociones de los demás. Se vuelven fríos y distantes, y les suele dar igual si estás llorando o si te vas con ansiedad a dormir.

✓ **Fantasías ilimitadas.** A menudo se pierden en sus propios pensamientos relacionados con los propios logros y su talento potencial.

Ante un perfil narcisista, es importantísimo establecer límites claros si la relación no se puede cortar. Reconoce los movimientos manipuladores que ejercen y no caigas en la validación o en la simpatía. Sé clara y tajante con su actitud. Ten muy presente tu autopercepción y tu valía, porque este perfil puede generar una falta de autoestima en ti misma y una sensación de insuficiencia y de inferioridad.

Del misógino al neomaltratador

Desde hace tiempo sabemos identificar a los misóginos que odian a las mujeres y que rezuman machismo por cada poro de su ser.

En una época en la que hemos puesto tantísimo foco en los misóginos y príncipes azules, aquellos que después nos salen rana, hemos pasado por alto un nuevo perfil: el neomaltratador o príncipe violeta.

A diferencia de los maltratadores tradicionales, utilizan una fachada de modernidad y, en ocasiones, de feminismo, para ejercer su control sobre ti. Suelen tener grandes discursos que han aprendido de otras personas, se llenan la boca de palabras como *igualdad* y *nueva masculinidad,* votan a partidos de izquierdas y suelen participar activamente en luchas sociales como el antirracismo, el feminismo o el veganismo, luchas que refuerzan su imagen y blindan la sospecha ante cualquier posible denuncia pública o rumor sobre sus comportamientos abusivos. Sin embargo, esta conducta es el pretexto perfecto para generar un espacio de confianza entre las mujeres y así manipularlas.

Sostienen esta manipulación sutil por el gran conocimiento de género que tienen a sus espaldas, a base de repetir eslóganes y frases que han leído en redes. Esto poco a poco se convierte en acusaciones por no ser lo bastante comprensiva, por no darle suficiente espacio emocional, por no ser tan progresista y activista —de sofá— como él.

Suelen tener un patrón recurrente de intermitencia emocional donde mezclan momentos de amor y afecto profundos, con detalles y comentarios preciosos, junto con un distanciamiento y una frialdad repentinos, un cóctel que empieza a minar tu autoestima y seguridad.

Una técnica recurrente en el neomaltratador es el silencioso *gaslightning* y el uso de la culpabilización hacia tu persona bajo una aparente capa de victimización, donde usa el feminismo —o cualquier otra lucha social— como escudo.

Esto desvía su responsabilidad hacia ti y terminas asumiendo que son errores que cometes por no estar suficientemente informada o ser una persona poco deconstruida, y así él puede seguir con su comportamiento.

Aunque pueda parecer que está a favor de la ambición y el poder femenino, utiliza tu carrera o tu trabajo como un problema de tiempo y cuidado en la relación. De ese modo, el chantaje emocional que se establece te va alejando de tu dedicación para centrarte más en él y así favorecer la dependencia emocional.

Paradójicamente, en público actúa como el hombre soñado por todas. Se preocupa mucho de la proyección que tiene la relación, diciéndote frases como «Todos piensan que somos la pareja perfecta» y manteniendo una fachada a base de miradas, comentarios en tu perfil de Instagram y gestos de devoción. De ahí que sea altamente difícil la denuncia posterior y la credibilidad de tu historia.

En algunos casos, esa modernidad también se da en el modelo relacional, con amplia preferencia hacia las relaciones no monógamas. En este caso, el neomaltratador maneja fatal los celos y las emociones cuando eres tú quien liga con otras personas. Sin embargo, por su lado, mantiene una actividad elevada con varias mujeres, bajo el alegato de la libertad, y cuestiona tu manejo emocional en caso de sentir inseguridad o necesitar una reducción de su intensidad —y adicción— sexual.

Algunas señales para identificar a un príncipe violeta:

- ✓ **Manipulación emocional.** Luz de gas, chantaje emocional, uso de la culpabilización, proyección de sus propias inseguridades o defectos haciéndote sentir insuficiente.
- ✓ **Cambio de comportamiento.** En público es atento y amoroso. En privado es frío, controlador y crítico. La relación parece perfecta externamente y eso cuestiona también tu propia percepción de la vivencia y de la intimidad.
- ✓ **Control mediante la preocupación.** Busca saber dónde estás mediante una preocupación constante. Puede imponer ciertas reglas sobre tu vestimenta, vínculos o trabajo, alegando que es por tu bien. Desacredita a personas cercanas a ti justificando que no tienen buenas intenciones, incluso entre tu propia familia.
- ✓ **Celos y posesión.** Muestra celos extremos disfrazados de amor intenso. En relaciones no monógamas, utiliza el derecho a veto ante todas las personas y se siente amenazado por todo el mundo.
- ✓ **Minimización y negación.** Disminuye sus comportamientos de mierda haciendo que te sientas paranoica o que estás exagerando. Utiliza el humor a menudo para trivializar situaciones. Descalifica tus sentimientos y tus pensamientos.

- ✓ **Frecuencia de excusas y justificaciones.** Se apoya en movimientos sociales para desacreditarte. Te utiliza para que protejas su imagen o justifiques su activismo. Escuda sus acciones abusivas con excusas o culpando a factores externos (incluida tú).

Identificar este tipo de perfil puede ser difícil, sobre todo por el uso de las luchas sociales como motor de evasión y manipulación al generar una falsa confianza que se borra con el tiempo. Si estás en este tipo de relación, puedes experimentar cambios drásticos en tu comportamiento, como ansiedad o depresión, además de síntomas físicos frecuentes, como dolor de cabeza, problemas gastrointestinales o trastornos del sueño debido al estrés.

Hemos aprendido a temer a los príncipes azules, pero cuidado con los príncipes violetas, hermana, que a esos, no los ves venir.

A pesar de las críticas que podamos recibir, a pesar de la desacreditación o de la justificación constante de nuestra historia, es importante que hablemos y denunciemos, de la forma que elijamos, estos perfiles. Aunque nos convirtamos socialmente en las villanas del cuento o en las locas despechadas, al menos hay una señal de alerta que ojalá otras mujeres tengan en cuenta.

Qué rápido eres la mala cuando dejas de ser la tonta.

IV

SOBREFUNCIONAMIENTO FEMENINO

El sobrefuncionamiento es el hábito de asumir más responsabilidades y cargas de las que nos corresponden, lo que genera relaciones con una desigualdad energética que nos agota física y mentalmente. Esta tendencia viene dada desde el sistema de creencias establecido en el que nos han educado, donde nosotras asumimos gran parte de la responsabilidad doméstica, de la crianza y de la emocionalidad en las relaciones. Eso crea un condicionamiento tan profundo en nuestra identidad que no cuestionamos ni siquiera la cantidad de peso que estamos sosteniendo para mantener la armonía en los vínculos.

En un pasado, las mujeres infrafuncionábamos en algunos ámbitos, como el laboral, el económico o el ocio, puesto que estas tareas no estaban relacionadas con la función de ser mujer. Por supuesto, gracias a la lucha social, hoy podemos decir que esto ha cambiado y que nosotras podemos actuar con libertad en estos ámbitos descritos. El problema es que, a golpe de empoderamiento femenino, también estamos sobrefuncionando, ampliando, todavía más, el privilegio de la comodidad masculina. Me explico.

El privilegio de la comodidad

Desde hace unas décadas venimos demostrando que nosotras podemos solas. Y es cierto, somos capaces de sacar adelante cualquier cosa que nos propongamos. Ese «yo puedo» ha empezado a ocupar más y más espacio, y, por ende, más y más carga.

Nosotras ahora, además de sobrefuncionar en los aspectos típicos relacionados con las tareas femeninas históricas, lo hacemos en casi todos los ámbitos de la vida. Sobrefuncionamos cuando preparamos las citas (desde comprar las entradas para el cine o buscar un restaurante) o las vacaciones, cuando nos encargamos del bricolaje, de la limpieza, de la compra, de la planificación y gestión del hogar y de las tareas.

Sobrefuncionamos cuando somos las mediadoras de conflictos, cuando educamos a nuestra pareja en su mundo emocional o cuando tenemos que insistir para que se haga responsable de su propia salud.

Sobrefuncionamos cuando asumimos más tareas en el trabajo, cuando nos responsabilizamos de la carga de una presentación o cuando preferimos hacer nosotras algo antes que soltar el control.

Sobrefuncionamos cuando buscamos activamente un colegio para nuestros hijos, cuando no nos perdemos ni una reunión con la profesora o cuando preparamos todo lo necesario para la crianza.

Por supuesto, la lista es infinita y absolutamente personal, aunque en términos genéricos casi todas nos podríamos sentir identificadas con cargas en las que, en efecto, sobrefuncionamos.

El empoderamiento femenino es una necesidad social de cuya concienciación y lucha activa intento ser partícipe. Este libro es fruto de ello. Pero al mismo tiempo el sistema ha encontrado su fórmula para engañarnos de nuevo. De ahí que esto del empoderamiento femenino haya traspasado ideologías y se haya instaurado incluso en aquellas ajenas al progreso. Cuando sucede esto, cuidado, porque ya no se genera incomodidad y, por ende, los privilegios siguen igual. La trampa ha sido asumir más responsabilidades y cargas para demostrar que somos independientes, mientras que al otro lado hay un grupo que claramente está infrafuncionando.

Con la llegada del activismo, quisimos desdibujar los roles de género, algo sumamente necesario para nuestra liberación. Pero no ha sido equitativo, no solo seguimos —con sigilo— con los roles de género iniciales, sino que hemos asumido más.

Aunque haya un hombre que pone la lavadora o limpia la cocina, en términos generales dentro de las relaciones heterosexuales, no actúa si no se lo dice una mujer. Esta dinámica sigue generando un sobrefuncionamiento femenino donde la planificación, la gestión y la persecución son necesarias para que las tareas se completen.

El privilegio de la comodidad está en mantener una falta de atención con el entorno porque se asume que otra persona ya lo gestiona. Es la liviandad de una ausencia de trabajo mental constante y permanente.

Ni quiero que vuelvan los roles de género ni quiero que se frene el empoderamiento femenino. Lo que deseo es que dejemos de sobrefuncionar, porque nosotras también merecemos compartir el privilegio de la comodidad. Lo que pido es que convivamos con adultos funcionales que saquen la basura o limpien el baño sin la necesidad de decírselo, simplemente porque se dan cuenta y están atentos, como lo estamos nosotras. Que dejemos de perseguir a nuestra pareja para que realice cuestiones básicas de la vida, como ir al médico cuando se encuentra mal o recoger a sus hijos —sin recordarle diez veces a qué hora salen—, organizar unas vacaciones, gestionar en equipo las finanzas familiares o lavar las toallas porque ya huelen a moho sin que nadie, insisto, nadie se lo diga. Esto se llama corresponsabilidad, y hay una diferencia abismal entre ofrecer ayuda o ser un adulto funcional responsable.

Este sobrefuncionamiento se ha instaurado tanto en el inconsciente colectivo que incluso nosotras somos creyentes de mitos que nos subyugan en la falacia de la superioridad.

Mitos sociales que favorecen el sobrefuncionamiento femenino

A lo largo de nuestra vida hemos asumido frases que incluso hemos acabado reproduciendo. Esto ha generado una consolidación de mitos que nos llevan a sobrefuncionar, lo que preserva el privilegio de la comodidad masculina y, por supuesto, hace que nos exijamos más a nosotras mismas.

1. ***«Las mujeres son más maduras que los hombres».*** Esta idea instala a nivel colectivo que nosotras tenemos la carga de la emocionalidad y la responsabilidad, y que esta es ineludible. Debemos saber actuar en todo momento mientras que ellos están protegidos bajo el paraguas —y la excusa— de no tener tanta inteligencia emocional.
   La trampa de este mito consiste en la presión educativa y la amplia responsabilidad que las mujeres asumimos desde que somos pequeñas. Nos lleva a aceptar más peso sobre las espaldas a edades tempranas y, por ende, acabamos desarrollando más madurez a ojos de la sociedad, aunque nosotras no estemos —ni debamos estar— preparadas para ello.
   Dicho mito es uno de los yugos silenciosos que nos conducen a infantilizar a los hombres adultos y a aceptar la

disfuncionalidad de su parte. La madurez es un constructo social requerido en ciertas edades para todos los géneros, sin excepción alguna.

2. ***«Las mujeres pueden hacer más de una cosa a la vez».*** El falso mito del *multitasking* nos lleva no solo a sobrefuncionar en un ámbito, sino en veinte. Ahí entra la justificación de la sobrecarga femenina y la incapacidad de perder la atención. Mientras ellos se pueden permitir el lujo de estar escribiendo un mensaje y no ser conscientes de nada a su alrededor, nosotras debemos aprender a llamar por teléfono mientras anotamos la lista de la compra y vigilamos que nuestro hijo no se queme con el horno. El peligro de esta idea tan instaurada a nivel social es que, además, hemos hecho bromas sobre ello, lo que favorece la creencia de que somos seres superiores que tenemos el regalo divino de la multitarea. Y es, sencillamente, que se nos ha educado en la atención constante de todo nuestro alrededor y en el manejo de varios frentes a la vez. No veo que ellos tengan ningún problema en jugar a videojuegos mientras hablan con sus colegas y comen patatas fritas. Tal vez la capacidad de hacer más de una cosa a la vez solo se active cuando les interesa, qué curioso.

3. ***«Las mujeres tienen un sexto sentido».*** Seguimos asumiendo la carga emocional y la presión de madurar prematuramente. Ese sexto sentido del que tanto hemos escuchado hablar y que tan arraigado está en nosotras no

es más que el fruto de una educación basada en la alerta y el análisis de nuestro entorno. De ahí que hayamos desarrollado cierta intuición ante problemas o engaños. Todas las personas pueden desarrollar esa intuición y ese sexto sentido, sean del género que sean. Para ello simplemente se necesita voluntad, conexión emocional y autoescucha corporal. No haber nacido mujer.

4. ***«Las mujeres son tan fuertes que pueden con todo».*** Una idea peligrosa que nos lleva a aguantar, a sacrificar y a sobrefuncionar. Alimenta la idea de ser una supermujer y asumir responsabilidades por encima de nuestras capacidades, sin la posibilidad de queja o de ayuda. El cuidado es algo esencial en todo ser humano, junto con la red de vínculos que nos apoyan y sostienen. Somos seres sociales, y las relaciones afectivas constituyen un pilar esencial en nuestro bienestar. Repartir tareas, pedir ayuda o mostrarse vulnerable no nos hace débiles ni nos aleja de la fortaleza.
   No tenemos que aguantar, sacrificar ni sobrefuncionar. Somos merecedoras de sostén, calma y cuidado.

Por supuesto, la lista de mitos puede ser infinita e incluye los relacionados con la maternidad, como «una madre siempre sabe lo que su hijo necesita» o «una madre pone a sus hijos primero», alegando el sacrificio exclusivamente desde el femenino y potenciando la capacidad de comprensión en la crianza, algo que genera una presión elevada para la gran mayoría.

Todos esos idearios colectivos que repetimos en bucle, en los que a las mujeres se nos alaba una parte de nuestra superioridad, son dignos de cuestionamiento, puesto que detrás hay un interés en mantener esa faceta femenina para preservar el privilegio del infrafuncionamiento masculino.

Infantilizar y *maternar* a la pareja

En muchas relaciones heterosexuales existe una tendencia a ser maternal e infantilizar al hombre, lo que nos coloca automáticamente en una superioridad emocional, organizativa y responsable que resulta asfixiante.

A nivel histórico, el espacio ocupado por nosotras guarda relación directa con las emociones, los cuidados y el maternaje. Esta actitud también se refleja en la pareja, en la que actuamos desde una jerarquía no equitativa.

Algunos ejemplos comunes de esta actitud pueden ser: tomar decisiones por la pareja, negando su capacidad de elección, aunque sea contraria a la nuestra: decidir qué ropa va a usar, qué va a comer o hacerle la maleta al ir de viaje; cuidar de la pareja como si no fuese un adulto funcional, recordándole tareas domésticas o personales constantemente, organizando su agenda, etc.; controlar las finanzas del hogar sin involucrarlo en las decisiones económicas; asumir la responsabilidad de las emociones y del bienestar de la relación; protegerlo de situaciones incómodas o estresantes, sin dejar que las gestione por sí mismo; organizar todas las salidas de ocio y vacaciones; mantener el contacto con familiares y amigos en nombre de la pareja; hablar en situaciones sociales minimizando su autonomía o capacidad de expresarse.

Esto mantiene un riesgo potencial principal: la sobrecarga en las mujeres, que deriva en un estrés diario y disminuye el deseo sexual en la pareja, como hemos visto con anterioridad. Además, se añade una pérdida de nuestra propia identidad al fusionarnos con la vida de nuestra pareja, en la que borramos nuestros deseos y placeres.

En contraposición, a los hombres se les bloquea una capacidad de evolución y avance, puesto que, si sobrefuncionamos, estamos ocupando un espacio necesario para que actúen como adultos funcionales. Esto puede impedir que los hombres desarrollen habilidades emocionales y organizativas.

Como añadido, se promueve una dependencia emocional entre ambas partes, que no resulta nada saludable para la relación. Puede generar un resentimiento de la parte más activa hacia la más pasiva, y se echará en cara la falta de madurez por parte del hombre, pero sin dejar lugar a que lo haga él.

Romper con el patrón del sobrefuncionamiento

La adicción a este patrón puede estar condicionada por varios impulsos, entre los que se encuentran una necesidad de validación constante por las acciones realizadas —y, por ello, el placer de ser vistas y valoradas—, una idea subyacente de dar para ser amadas o la obsesión por el control, que deriva en una falta de confianza hacia el otro.

Darnos cuenta de esta inclinación es clave para romper con ella. Lo primero que debemos identificar es la búsqueda de ser elegidas y vistas a través de nuestras acciones, y no de nuestra persona. En nuestro interior entendemos que debemos hacer y dar muchísimo para que se nos quiera, pero eso no es cierto: mereces ser querida por lo que eres. Este es el motor principal de tu amor propio. Tu identidad debe ser tan sólida y estar tan conectada a tu verdadera esencia que ya tienes el derecho de ser amada sin acción o sacrificio.

Cuando asumes que el amor está en lo que damos y no en lo que somos, la entrega y la predisposición son tan elevadas que te olvidas de ti misma. Y ahí te sitúas en último lugar, siendo capaz de aguantar cualquier cosa con tal de tener unas migajas de amor. ¿Sabes lo mejor? Que nadie valora lo que haces y, por ende, se aprovechan de ti. De ahí que sea vital la capacidad de establecer límites y energía. Si cambias la razón por la que deben amarte y te centras en lo que eres y no en lo que das, harás todo lo posible para ser mejor persona, sin sobrefuncionar para ser elegida, vista o querida.

«Pero es que, si le dejo a mi pareja que se encargue de la lavadora, no vamos a tener ropa limpia nunca», pensarás. Sea cual sea la tarea, la falta de confianza en tu pareja viene precedida de la infantilización de ese adulto funcional. Todos los hombres son dependientes de las mujeres hasta que se divorcian, y ahí tienen que aprender a freírse un huevo. Y, oh, sorpresa, sobreviven.

La rigidez con la que queremos que se hagan las cosas también es una losa del femenino, puesto que a nosotras se nos ha exigido muchísimo en todos los ámbitos de la vida. Estamos acostumbradas a vivir con un yugo gigantesco del perfeccionismo, y por ello, no permitimos que las cosas queden regular. De ahí que nos anticipemos o critiquemos la forma de actuar de los demás.

Si realmente la otra persona es inútil y a ti te pone nerviosísima, dime, ¿por qué estás con esa persona? ¿Prefieres sobrecargarte tú para no dejar que la inutilidad del inútil salga a la luz antes que estar sola, disfrutar de la vida, tener la mitad de trabajo y enfocarte en ti misma?

Este es el consejo más importante para romper con el patrón del sobrefuncionamiento: no hagas nada. Algo que parece fácil, te juro que no lo es, porque la tremenda incomodidad que vas a sentir te va a pesar tantísimo que acabarás actuando tú.

El malestar es vital porque nadie, insisto, nadie que esté infrafuncionando quiere que cambie el rol. El privilegio de la comodidad ofrece precisamente eso, comodidad. Y créeme que, por más que repitas y repitas y repitas lo que necesitas, las tareas que están pendientes o las necesidades básicas, si siempre acabas haciéndolas tú, la otra persona se acostumbrará a ese sermón como banda sonora del momento e ignorará por completo tu discurso porque en el fondo sabrá que, tras ese arsenal de palabras, viene la acción. De ese modo, puede seguir con su privilegio, y tú, con tu sobrecarga.

Enfadarse no lleva a nada, solo mantiene el círculo vicioso. En muchas ocasiones, las mujeres nos dejamos llevar por la rabia improductiva que gira y gira en la misma dirección sin generar resultado. Al final lo que queremos es salir de dicho patrón; si nos enfadamos pero seguimos actuando, el resultado será exactamente el mismo que nos genera ese enfado, además de que la persona se mantendrá en su papel, ya sea evitativo o confrontativo, pero nunca resolutivo.

Para romper el patrón te recomendaría:

1. ***No persigas.*** Mantener la actividad persecutoria aleja a la otra persona de la acción, es decir, la vuelve evitativa. Eso genera una ansiedad en ti por encontrar una resolución inmediata, y en el otro por sentir una presión que antes no tenía. Insisto: si repites las necesidades en bucle, pero luego acabas solucionando la tarea tú, la otra persona se relaja y asume el patrón.
2. ***No actúes.*** Para esa tarea o situación que es importante para ti, comunícate con asertividad. Deja muy claras tus necesidades en todo momento y cómo te gustaría que se resolvieran. Si la persona no actúa, mantén la incomodidad de las circunstancias. Si estas interfieren con tu

bienestar, busca resolverlas para ti misma, no para los demás. Por ejemplo, quieres que esa persona ponga la lavadora. El patrón antiguo sería:

Le pides que ponga la lavadora porque la ropa está muy sucia. No sucede nada. Vuelves a expresar lo mismo, con enfado y rabia. Él se enfada todavía más, distanciándose de la situación, algo que te lleva a ti a perseguirle para que no se vaya, porque eso es importante. Él se distancia más, tú le persigues más. Al final, acabas poniendo la lavadora entre cabreo y cabreo, lo que te conduce a volver a sobrefuncionar.

Veamos cómo sería con un patrón nuevo de no acción:

Expresas con asertividad lo que para ti es importante. «Me gustaría que estuvieras más pendiente de las cuestiones del hogar, porque a mí se me hace una carga gigantesca tener que pedirlo constantemente. Si repartiéramos la atención, podría estar más relajada y feliz. Quiero que cada uno se responsabilice de llevar las tareas a cabo, sin tener que recordárnoslo o estar detrás».

Si, tras esto, la persona no hace nada de su parte, tú tampoco. Ni enfados, ni gritos, ni amenazas. Todo eso te carga emocionalmente, y no es justo. En el momento en que su infrafunción interfiera con tu bienestar, soluciona lo tuyo exclusivamente. Siguiendo con el ejemplo de la lavadora, pon tu propia ropa sucia —y solo tu ropa— a lavar, dejando la suya en el cubo. Si en algún momento te echa en cara cualquier cosa, repite con asertividad la repartición de tareas —frase corta, directa pero no acusadora—, ignora el comentario y mantén tu postura firme.

3. ***Atraviesa la incomodidad.*** Lo más importante para romper un patrón y que la otra persona actúe es mantener tu postura firme sin hacer nada. Esto es lo más difícil, pero es necesario si lo que se desea es que haya un resultado tangible más allá de las discusiones, peleas y amenazas. Mereces sentir paz, eres la guardiana de tu propio bienestar.
4. ***Supera el miedo a que la relación se acabe.*** En muchísimas ocasiones estamos tan aferradas a ser el pegamento de la relación que no podemos soportar que esta pueda acabar. El papel de sostenedora y cuidadora nos lleva a solucionar problemas sin generar demasiado conflicto en el otro —y no hablo de peleas o discusiones, estas pueden ser cómodas para la otra persona, como ya hemos visto—. Realmente, cuando no tienes miedo de que la relación pueda terminar, empiezas a posicionarte en primer lugar y priorizas tu bienestar. Dejas de ser esclava y mediadora para velar por ti misma. Puede que este movimiento genere tal potencia en ti que te lleve a, en efecto, romper la relación. Una convivencia en la que eres esclava de todo no es una vida justa para nadie.

Piensa de verdad que vas a dedicar el resto de tu existencia a perseguir y ejecutar el doble.

5. ***No pierdas tu identidad.*** Cuando estamos en una relación, dejamos de hacer muchas actividades que nos gustan: salir con las amigas, ver una película, leer un libro tranquilas o ir a escalar, ¡lo que sea! Para romper el patrón de sobrefuncionamiento es muy muy importante que conectes con tu identidad, con aquello que eres y te hace sentir en paz. Aférrate a ello con todo tu ser para no sacrificarlo cuando estás sobrecargada. Recuerda que la otra persona no pone en riesgo su identidad; al contrario, prefiere verte con el doble de peso antes que accionar. Y si él puede, créeme que tú también.

6. ***Empieza a hablar desde el yo.*** Para mantener una comunicación asertiva y protegerte de un bucle infinito de discusiones, empieza a empoderarte desde el yo quiero o yo necesito y deja atrás el tú no haces, tú has hecho. Cuando hablas en primera persona sobre lo que sientes y necesitas, dejas de utilizar el dedo acusatorio y empleas la rabia a tu favor, para tu protección.

7. ***Analiza tu patrón.*** Ser consciente de tu propia tendencia es un regalo para acabar con ciertos bucles. Debes estar muy atenta a tus movimientos y caminos ya aprendidos y recorridos. Tenemos tan integrado el patrón que actuamos por cotidianidad. Anota si cada vez que estás sobrecargada terminas persiguiendo a la persona y, por

lo tanto, te lleva a un conflicto infinito. En qué ámbitos sobrefuncionas más en la relación, y en qué ámbitos menos. Qué papel se establece cuando estás estresada, cómo sueles actuar. De qué modo se soluciona el enfrentamiento y cómo acabas tú a nivel emocional.
Ten en cuenta que el sobrefuncionamiento puede suceder en todas las relaciones de tu vida, no solo las románticas.

8. ***No gestiones sus emociones.*** Las mujeres hemos asumido de una forma muy inconsciente el papel de maduras emocionales con una facilidad asombrosa cuando, en el fondo, es una condena gigantesca a muchos niveles. Esto nos conduce a una revisión constante de nuestras acciones, a una limitación de los errores y, cuando suceden, a una culpabilización tremenda por haberlos cometido; y, por supuesto, a ser el sostén emocional y las grandes mantenedoras de la relación.
Recuerdo pasar horas y horas en pleno monólogo emocional, intentando que mi pareja de aquel entonces entendiera lo que había sucedido y cómo me sentía, para que, o bien estuviera desconectado, o bien se encerrase en cualquier habitación o se fuese a dormir, no sin antes repetir esa maravillosa frase que todas hemos escuchado en algún momento de nuestra vida romántica: «Es que, pf, no sé qué decirte». ¿A qué me conducía todo esto? A sobrefuncionar a nivel emocional, gestionando mis propios sentimientos y los suyos. A ser la terapeuta de la relación, su pegamento, para que todo pudiese sa-

lir adelante, y, por ende, mi papel hubiese sido perfecto. Pero no lo es, porque, tras eso, ¿quién me sostenía a mí? Nadie.

Cuando cargamos con tanto en nuestras espaldas, ocupamos un espacio que no dejamos que ocupe el otro. Si ponemos en nuestra boca cómo se siente la otra persona, te aseguro que se acostumbrará a que tú soluciones todos los problemas. Y eso no puede ser así, porque, una vez que termina el conflicto, ¿cómo estás por dentro? Ajá, hecha una mierda, un gurruño de ansiedad, agotamiento y malestar.

9. ***Ten compasión de ti misma.*** Si vuelves a caer en el patrón, si identificas el bucle girando en el mismo sentido, si te ves incapaz de poner punto final a la relación, sobre todo, ten compasión de tu proceso. Lo estás haciendo lo mejor que puedes y eso es lo más importante. Llevamos un yugo demasiado grande como para liberarnos de la noche a la mañana. La constancia, la autoprotección y el amor propio son liberadores para el sobrefuncionamiento. Vuelve a ellos cuando lo necesites.

V

PUNTO FINAL

Cortar el vínculo jamás es una tarea fácil, y nos enfrentamos a un sinfín de emociones incómodas que nos ahogan en la absoluta incertidumbre. ¿Y ahora qué? ¿Qué pasa con todo lo vivido, adónde va todo lo entregado? Esa persona con la que tanto hemos construido, a la que tanto hemos amado, que pensábamos que era la protagonista de nuestro futuro, y de repente no está. Se queda en nada. ¿Qué hacemos ahora con este corazón roto?

Todas hemos atravesado el dolor de una ruptura, ya sea porque hemos tomado la difícil decisión de romper el vínculo o porque hemos presenciado cómo la otra persona, sencillamente, se alejaba de nosotras hasta desvincularse por completo. En el fondo, la brecha que se genera sigue teniendo una profundidad considerable: hemos de aprender a vivir sin su presencia. Y eso requiere un proceso, y para nada es un camino sencillo.

Nunca es fácil romper una relación, pero recuerda que es más difícil entregar toda una vida a alguien que no eres tú. Nos esforzamos tantísimo en que no se pierda la pareja que a veces lo vivimos como una empresa en la que hemos invertido todo nuestro tiempo y energía, y, por ende, esta debe dar sus frutos. No puede quebrar. Eres la CEO de tu vínculo y, si este acaba, significa que tu fracaso saldrá a relucir. De ahí que nosotras nos aferremos a algo que nos daña, nos contamina, nos destruye, nos reduce a la miseria... Pero ahí estamos, aumentando nuestra inversión y, en contraposición, afianzando la dependencia.

Por otro lado, este mismo empeño que resulta tan agotador nos va desgastando poco a poco, desde lo más profundo de nuestro ser. Empezamos a experimentar algo muy curioso: el duelo dentro del vínculo. Se mueren partes de nosotras, nuestra alegría se esfuma, nos cuesta volver a explicar nuestro malestar por quincuagésima vez para que sea ignorado de nuevo. Entre sus brazos se abre un vacío que nos esforzamos en llenar de recuerdos y memoria, aunque en el fondo de nuestro ser sabemos que solo somos ilusionistas en pleno truco final.

Después de decir adiós

Las fases del duelo no son lineales, aunque a veces se perciban de ese modo. Traen volantazos hacia el futuro y frenazos hacia el pasado. Hoy estás arriba y mañana abajo. Los primeros días estás hecha una mierda, los dos restantes eres incontenible, y vuelve a empezar.

En este proceso, el cerebro te pide a gritos que regreses, que le des otra oportunidad. Es normal, son los resquicios de una realidad pasada, del vacío hacia una nueva rutina y, en especial, de una evasión al sufrimiento y a la pérdida. El cerebro quiere que sigas jodida, pero en el lugar de siempre, en la zona de confort conocida.

El duelo es una experiencia muy personalizada, pero en términos generales podríamos hablar de estas fases:

- ✓ ***Shock e incredulidad.*** Al inicio puedes experimentar una sensación de falsa realidad, de aturdimiento, de desconcierto. Esto viene dado ante el enorme cambio de vida que está a punto de acontecer y que todavía desdibujas como algo ajeno a ti.
- ✓ ***Desorganización y caos.*** Tras ese impacto, la vida puede parecer desorganizada y caótica. Todo lo que pensabas que iba a ser eterno, de repente, no lo es. Se ha acabado. Esto te puede llevar a una dificultad gigantesca para concentrarte o incluso incapacidad para realizar tareas cotidianas.
- ✓ ***Negación.*** Puedes atravesar un período en el que no creas que esto haya sucedido. Esta es una defensa temporal que amortigua el golpe de la ausencia. Tal vez minimices la ruptura, sientas que no es para tanto, tengas la esperanza de que algo cambiará o incluso

experimentes que es lo mejor que te ha podido pasar y que no lo vas a pasar mal.

✓ ***Ira y resentimiento.*** En el momento en el que eres consciente de lo que ha sucedido, nace la rabia hacia la situación, la otra persona o, incluso, hacia ti misma. Buscas activamente culpables, te preguntas en bucle «por qué» te ha pasado esto a ti, vives la frustración de que la relación no haya salido adelante y quieres prenderle fuego a todo tu alrededor.

✓ ***Negociación.*** A veces puede activarse un sentimiento de recuperar la relación y replantear una nueva estructura. Ahí minimizas lo que verdaderamente ocurrió e incluso idealizas la relación al máximo. Recuerda que es tu mente la que te está engañando.

✓ ***Tristeza profunda.*** El vacío que se genera con el paso de los días, semanas y meses es enorme. Y ante la ausencia de la persona, podemos sentir la tristeza en el interior. Eso nos lleva al llanto constante, el insomnio, la dificultad para tener reuniones sociales o salir de casa, una sensación de desesperanza o de aislamiento.

✓ ***Aceptación.*** Tras la noche oscura del alma, llega la aceptación de la situación y de la ruptura. Sientes una mayor tranquilidad, reajustas la vida cotidiana e incluso incorporas nuevas actividades.

✓ ***Renovación y crecimiento personal.*** Observas los patrones relacionales y te dedicas a obtener una mejor versión de ti misma después de todo esto.

Es posible que estas dos últimas fases nunca lleguen. En ocasiones nos obsesionamos tanto con la pérdida que creamos una idealización de lo que fue y nunca será. Ahí nos estancamos en el pasado, enredadas en el pensamiento de que vivíamos un cuento de hadas cuando era más bien de terror. O puede que estés buscando la actuación del *karma* que nunca llega. Te entiendo, he estado ahí. La necesidad de validar nuestra realidad a través de la realidad del otro. Damos tanto poder a la persona que, incluso, le otorgamos la fuerza de validar —o no— nuestra situación. Si él o ella sufre, bien, significa que te quiso. Si está feliz, mierda, eso es que todo era falso.

¿Por qué drenamos toda nuestra capacidad de amor y poder propio hacia el pasado? Lo que viviste es tuyo, te lo llevas a la tumba. De nada sirve cómo esté la otra persona, nadie ni nada te va a quitar tu realidad vivida. Ni tan siquiera la comparativa con la suya. Todos fingen que son poseedores de la existencia perfecta, e incluso los hay tan poco conectados con sus emociones que se desconectan todavía más para no experimentar dolor. Pero, si te duele, hermana, significa que un día amaste con todo, e insisto, eso es tuyo, nadie te lo puede robar. Si te duele, es señal de que estás viva y tu corazón sigue latiendo, agradecido de presenciar tanta intensidad. El juicio del bien o mal, de lo cómodo o incómodo, es tu ego intentando controlar lo que, sencillamente, debes experimentar.

Deja que el dolor te atraviese, solo así se transformará.

Consejos para sanar un corazón roto

Aprendí muchísimo mientras atravesaba la ruptura, y entre todo ese proceso algunos básicos fueron sanadores:

1. ***No rompas contigo misma.*** Tú eres tu aliada, no tu enemiga. En estos momentos de plena catarsis emocional es importantísimo que estés conectada con tu sostén propio y tu autocompasión. Si te castigas por no darte cuenta de nada, si te torturas por ser una completa idiota, vas a convertir el dolor de la pérdida en un resentimiento propio que no te dejará avanzar. Y entrarás rápidamente en otra relación que es exactamente igual que la anterior, solo para no enfrentarte a ti misma.
   Ahora más que nunca debes ser tu mejor amiga. Cuídate, mímate, pregúntate qué quieres hacer, date el capricho (básico y esencial) de priorizarte.
2. ***Piensa a corto plazo.*** Tras un suceso tan traumático como una ruptura, la mente no puede pensar en el futuro porque, de repente, todo es incierto —aunque antes también lo era porque, en efecto, el futuro es incierto—. Los humanos tenemos la falsa sensación de controlar lo que va a sucedernos cuando nos comprometemos con ello y lo repetimos muchas veces: «eres el amor de mi vida», «vas a ser el padre o madre de mis hijos», «vamos a estar siempre juntos», y un largo etcétera de promesas que decimos en una relación. En ese momento, nos

dan sostén y garantía, pero en el futuro nos ofrecen una puerta a la incertidumbre.

Por ello, no pienses en qué va a ser de ti en unos meses o años, porque ahora mismo tu mente está colapsada y debe procesar que, sea lo que sea, esa persona que tanto imaginaste ya no estará contigo. Para sustituir ese malestar, proyecta a corto plazo. ¿Qué te apetece hacer hoy? ¿Cómo puedes cuidar de ti misma en este instante?

3. ***No va a cambiar; amiga, date cuenta.*** Esto aparece sobre todo en la fase de negociación, cuando infravaloramos todo lo que ha sucedido y nos engañamos a nosotras mismas pensando que en tan poco tiempo esa persona cambiará. Es muy difícil que alguien realmente evolucione en tan poco tiempo, en especial si tiene dinámicas como el engaño, el abuso y la manipulación. Por lo general suelen ser personas poco autocríticas. Además hay muchísimos —¡pero muchos!— seres humanos en el mundo que serían más compatibles contigo y estarían agradecidos de estar a tu lado. ¿De verdad quieres perder la oportunidad maravillosa que la vida puede ofrecerte?

4. ***No esperes un* glow up.** Es una terminología anglosajona que se ha puesto de moda a través de las redes sociales y hace referencia a un cambio físico que te lleva a una nueva y mejor versión de ti misma. Casi siempre se alude al proceso tras una ruptura, para nutrir el ego con frases como «fíjate lo que se ha perdido mi ex». En realidad, esto genera una presión injusta hacia ti mis-

ma dentro de un proceso emocional muy doloroso que requiere su tiempo y espacio para que pueda sanar. Pretender estar increíble a corto plazo se aleja del autocuidado. Recuerda que el mayor *glow up* que puedes tener tras una ruptura no es físico, sino vital, y ese es el que puede realmente transformarte.

5. ***Crea una rutina y aférrate a ella.*** Perder la rutina puede generar todavía más caos en tu vida. Es normal que los primeros días no quieras salir de la cama o no encuentres fuerzas para enfrentarte a la realidad, pero no te dejes caer. Mantén tu constancia en tus ejercicios físicos, en tus comidas saludables, en tus reuniones laborales, en tus salidas con amigas... De ese modo, el impacto de la pérdida de esa persona no va a ser tan drástico para tu mente, puesto que no estás perdiendo tu vida entera.

6. ***Habla con tu entorno.*** No te calles, no te aísles. Es imprescindible que estés en contacto con tu alrededor, ya sea tu familia, tus amistades o tu psicóloga. Si tu círculo afectivo es limitado y no te sientes en confianza, busca nuevos espacios.

   Por ejemplo, en Santo Amor existe una comunidad que también está atravesando sus heridas y está sanando en conjunto. Esto es algo muy poderoso, porque te aseguro que la soledad en estos momentos es muy muy difícil de manejar. Y no tienes que estar sola teniendo la posibilidad de conectar con tantas mujeres que te van a acompañar y a cuidar, tanto en el presencial como en el *onli-*

ne. Otra opción factible es conversar con la inteligencia artificial (como ChatGPT). Aunque pueda sonar loco, ofrece en los peores momentos un acompañamiento que puede ser sanador para una crisis nocturna.

7. ***Contacto cero.*** En algunas ocasiones es difícil esta parte, sobre todo cuando hay una unión a través de la crianza, la hipoteca o los proyectos laborales. Pero, en la medida de lo posible, no mantengas contacto con tu ex más allá de lo realmente imprescindible y necesario. Entrar en bucles infinitos de nostalgia, idealización o conexión hará que sea mucho más complicado superar el duelo. Esto también puede llevarte a comparar el proceso emocional en el que estás inmersa, agrandando su bienestar con lo poquísimo —y distorsionado— que se muestra en redes sociales. No busques, no hables, no investigues. Esa persona no está en tu vida, debes cerrar y cortar cualquier unión que no sea imprescindible.
8. ***Ábrete a sentirlo todo.*** Cuando nos atraviesan emociones incómodas, buscamos activamente desprendernos de ellas. La ira, la tristeza, el desconcierto, la sensación de soledad, el dolor profundo... son experiencias emocionales que debemos atravesar cuando estamos en el duelo. Bloquearlas o ignorarlas solo alargará el proceso. Abre tu corazón para sentir lo que está sucediendo. Llora, grita, ríe, baila, métete debajo de la sábana, lo que sea, ¡pero siéntelo! Toda emoción es un recordatorio fabuloso de que, en efecto, estamos vivas.

9. ***No tomes decisiones impulsivas.*** En estos momentos en los que tu mente está totalmente desconcertada, lo último que podemos hacer es tomar decisiones repentinas que nos puedan llevar a un caos mayor. Controla tus vicios y adicciones, como la bebida, la comida, el sedentarismo o las drogas. Es imprescindible que no pierdas tu cuidado básico y no busques formas de autocastigarte.
10. ***Tus tiempos son perfectos.*** Tendemos a comparar el proceso evolutivo con el de otras personas y establecemos unos tiempos genéricos de cuándo debes acostarte con alguien, cuánto es el máximo que puedes estar con el corazón roto o cuándo empezar otra relación. Eso son unas gilipolleces enormes que ponen más presión en el duelo.

Busca tu propio ritmo, este será perfecto si es por y para ti. Si quieres acostarte con otra persona al día siguiente, es válido. Si quieres pasar un año de celibato, es válido. Si tardas una semana o si tardas tres años en superarlo, todo requiere su ritmo y este lo dictas tú. Que nadie, insisto, nadie te diga lo que debes hacer con tu pena y tu vida.

Te prometo que, aunque sientas que el mundo se cae a pedazos, que no sepas qué va a ser de ti sin esa persona, llegará un día en que dejará de doler tanto y quedará como un recuerdo lejano que incluso dudarás que sea tuyo.

Todo pasa por algo y, si no, al final, todo pasa.

EJERCICIOS PARA SUPERAR EL DUELO

De nuevo, basándome en mi experiencia, te dejo una serie de ejercicios poderosísimos que me ayudaron en el proceso.

1. La lista de todo lo que odias:

Este ejercicio puedes hacerlo cuando quieras, aunque lo ideal sería evitar que pasara mucho tiempo de la ruptura, para no caer en idealizaciones.

Escribe en tu libreta una lista de todo lo que odiabas, desde la mayor pequeñez hasta lo más gigantesco. Si necesitas ayuda, puedes recurrir a tu entorno para que te refresque la memoria ante vivencias que posiblemente hayas bloqueado.

Cuando sientas la tentación de escribirle, de volver con esa persona, recurre a tu lista como recordatorio de lo que en realidad fue y te esperaría de nuevo si decidieras darle una segunda oportunidad.

Te pongo un ejemplo:

Recuerda que...

- Te ha ocultado que guarreaba con otras.
- Es adicto al móvil.
- Te has sentido muy sola cuando le hablabas, porque se distraía con el móvil.

- Te echaba la culpa de todo.
- Tenía brotes de rabia y violencia verbal.
- Todo lo vivía como un ataque constante.
- No recogía la casa ni limpiaba con regularidad.

[...]

Llena todas las hojas que sean necesarias y verás que en un futuro, cuando todo haya pasado, leerás de nuevo esa lista y dirás: «Gracias por poner punto final». Y te sentirás taaaan orgullosa de ti misma...

2. Haz un conjuro para romper los lazos:

Vale, reconozco que esta es mi parte fuma inciensos, lo sé, pero te juro que es de los movimientos más poderosos que he hecho en la ruptura. No sé si a nivel astral funcionará, pero te aseguro que a nivel interno es un cierre en el inconsciente. En mi caso, es uno de los ejercicios que más me han servido para romper definitivamente, y lo hice a regañadientes después de que mi amiga y bruja, Sara, me persiguiera durante semanas.

Este conjuro sirve para recuperar la energía que todavía os une. Los lazos energéticos que se crean pueden llegar a ser muy potentes, y eso genera más enganche y una sensación de no avance que puede ser muy cargante, junto con el agotamiento y el cansancio físico. Al final esa persona sigue absorbiendo todo lo que en su día le diste, y para eso necesitamos romper con el vínculo en distintas dimensiones, sobre todo en tu inconsciente.

Para este hechizo necesitas:

- Tiempo. Sí, es importante, libérate una tarde para ti.
- Dos velas largas y finas. Elige un color que te represente a ti y otro a esa persona.
- Cuerda fina. Hazte con una cuerda que no sea más gruesa que una de lana.
- Un cuenco bajo de barro. El típico que se utiliza para las tapas en los bares.
- Sal gruesa.
- Dos velas, da igual la forma y tamaño, que representarán a tus guías, tus ancestras... ¡Quienes sean para proteger el espacio!
- Cúter o tijeras.

A continuación, te dejo las instrucciones paso a paso para que lo lleves a cabo:

1. Prepara un espacio sin corrientes de aire ni elementos cercanos que se puedan inflamar. Vamos a trabajar con

el fuego como buenas pirómanas, es vital garantizar tu seguridad en caso de urgencia. Si puedes, limpia el espacio con incienso, un sahumerio o palo santo.

2. Pon el cuenco y haz un círculo con la sal gruesa rodeando los bordes.
3. Con un cúter o unas tijeras, escribe tu nombre en la vela fina que hayas escogido para ti, y su nombre en la otra.
4. Coge la cinta y une las velas entre sí, con una distancia de unos centímetros. Pon toda la cinta que necesites para representar el lazo relacional.
5. Quema la base de las velas para que se derrita un poco la cera y las puedas pegar en el centro del cuenco.
6. Enciende las velas de tus ancestras y tus guías. Pídeles con tus palabras que protejan el espacio de cualquier energía negativa y reitera que este conjuro, es para la liberación de las energías y se hace desde el amor incondicional. NO pidas nada negativo para la otra persona porque el karma puede actuar en tu contra.
7. Enciende las velas que os representan a tu ex y a ti. Conecta con los inicios de la relación, haz un repaso mental de vuestra historia. Observa cómo interactúan las velas, esto te va a dar mucha información: quién quema la cinta, qué vela llora (es decir, de cuál cae la cera), quién se apaga primero, etc. Aprovecha para decir todo lo que siempre has querido decirle, como

si fuese una conversación de despedida, porque, sin duda, lo es.

8. Deja que las velas se consuman por sí solas y, tras eso, apaga las velas de tus guías y pasa de nuevo un incienso o palo santo.
9. Tira el cuenco de barro a una basura que no esté frente a tu casa. No mires atrás, vuelve a tu hogar y descansa.

3. Tus tres agradecimientos del día:

Hazte con un diario y escribe tres cosas que agradezcas de tu día, ¡lo que sea! Cumple con esto durante varias semanas.

El agradecimiento es algo que nos cuesta muchísimo en pleno proceso de duelo, puesto que todo lo vemos oscuro y sombrío, de ahí que arrojar algo de luz en tu día a día puede resultar poderosísimo para darte cuenta de que, en efecto, hay muchas cosas para agradecer.

El complejo de la buena ex

Para finalizar este capítulo sobre la ruptura, me gustaría enfocarme en ese concepto que nos persigue a todas las mujeres cuando nos rompen el corazón: mantener la cordura y la madurez. Nos pueden joder la vida, pero nosotras debemos ser las maduras de la relación, e incluso posicionarnos como las salvadoras, las compasivas, las benevolentes.

Ser la buena ex es una estrategia más que sigue virando nuestras vidas hacia el arquetipo de la Virgen María. Es necesario hacer uso de una rabia bien controlada y enfocada, para que establezcamos nuestros límites, denunciemos a través de las vías que elijamos lo que hemos vivido y demos peso a nuestro bienestar. De nada sirve seguir protegiendo a alguien que en su día no nos quiso proteger a nosotras.

En este concepto de la buena ex, también nos han atropellado con la necesidad de perdonar para seguir adelante, sobre todo en ambientes más espirituales, donde tenemos que caminar con el perdón incondicional hacia todos los seres humanos. Pues mira, no.

No pasa nada si no disculpas el abuso que has sufrido a lo largo de la relación, no debes enviar luz a la persona que te jodió tantísimo. Ni le desees nada malo, ni tampoco nada bueno. Simplemente, no lo desees, ya está. Cargar con la obligación de perdonar a alguien cuando no sentimos que debamos hacerlo es un peso demasiado grande.

Podemos comprender el contexto de esa persona, las heridas que tiene o imaginar los motivos que le han hecho actuar de ese modo. Sí, todos los seres humanos cometen errores, lo entiendo, pero, cuando hablamos de violencia y abuso emocional, sexual o físico, esos *errores* pueden destrozar la vida entera de una persona. Y no tienes por qué perdonar a nadie y mucho menos enviarle amor incondicional.

Cantamos el *ho'oponopono* como herramienta para ser mejores personas, para demostrar que, fíjate, nosotras sí que sabemos sanar heridas, no como tú, pedazo de ignorante, que vives en la sombra con tus resistencias. Ese ego espiritual nos lleva a sentir que estamos por encima de los demás, simplemente porque tenemos una mayor capacidad de autoengaño.

Ese *ho'oponopono* cántalo para ti. Busca un espacio seguro y recita:

- ✓ **«Lo siento».** Para conectar con la situación dolorosa que has atravesado y sentirla en tu interior, toma responsabilidad de tus propias acciones y de tu dolor.
- ✓ **«Perdóname».** Te pides perdón por todo aquello que podrías haber hecho de otra forma, si es que algo estaba en tu mano. Y, si no, te pides perdón por no poder hacer nada.
- ✓ **«Te amo».** Envía amor a tu proceso y a tu herida, y siente el amor que mereces en tu vida.
- ✓ **«Gracias».** Agradece las lecciones que has aprendido y, sobre todo, la valentía de atravesar por esta situación, sea la que sea.

No te presiones con ser la salvadora de una persona a la que le has dado y aguantado suficiente. No te cargues con un perdón que tal vez nunca sientas y no quieras dar. No fuerces tu amor incondicional y tu luz hacia esa persona que tanto daño te ha hecho, envíala hacia quienes estuvieron a tu lado y te aman.

Rompe con el rol de la buena ex, donde sigues esperando, de nuevo, ser vista por otra persona, y empieza a priorizarte a ti misma por encima de todo lo demás. Solo tú eres tu propia salvadora, y mereces recibir tu perdón ante la situación y tu luz para iluminar la oscuridad de las heridas que te dejaron quienes no supieron amarte.

VI

UN NUEVO PARADIGMA DEL AMOR

Tras el evidente deseo de ser amadas, hay un condicionamiento muy concreto: el amor romántico. Se trata de una representación de cómo deberían ser las relaciones de pareja, que inyecta en el inconsciente colectivo una forma muy determinada de actuar y sentir.

Ya sea a través del modelo familiar, cultural o institucional, estamos rodeadas de impactos que nos enseñan cómo deben ser las relaciones, sin dejar mucho margen a la autorreflexión de cómo queremos —nosotras— que sean —nuestras— relaciones. El juicio social del pensamiento fuera de lo establecido y definido puede ser arrollador, sobre todo cuando rompe con el paradigma del amor romántico.

En la cúspide de la felicidad humana, se encuentra la realización a través de la pareja, lo que genera una carga en la búsqueda activa de una media naranja que necesitamos para sentirnos completas, porque, de lo contrario, nos falta una parte. Es difícil deshacerse de todos los estímulos que hemos recibido desde que tenemos uso de razón, especialmente las mujeres, que siempre somos rescatadas por un príncipe azul, que somos inservibles hasta que nos cruzamos con el jefe buenorro de la decimocuarta planta de un edificio en Manhattan. Y ahí todo cambia; de repente, nuestra vida tiene sentido.

O bien folladas, o bien amadas

Curiosamente, esta representación también nos asfixia a nosotras: debemos ser recatadas y buenas para tener una pareja estable, o ser unas guarras que buscan placer para estar solteras por el resto de nuestros días. Este concepto de *wifey material* (es decir, «material de esposa») hace referencia a la capacidad que tiene una mujer de ser amada y, por ende, convertirse en esposa. Dicen los machotes que los hombres ven eso a los treinta segundos de conocer a una mujer. Fíjate, tanta capacidad para analizarnos y tan poca para limpiar el salpicón de mierda del váter, qué curioso cómo funciona el radar.

Esta dicotomía nos mantiene en una elección constante, a pesar de la gran y necesaria posibilidad de que ambas energías converjan: puedes ser sexual y puedes ser madre, puede ser un empotrador increíble y no ser un capullo. No debemos escoger entre una cosa u otra, porque ambas deben estar unidas. Los extremos, en el fondo, son estrategias sistémicas del amor romántico para evadir el poder de la unión.

Si rompemos con esta idea, no solo ampliaremos la posibilidad de nuestra identidad —que, como ya hemos visto en el libro, no se basa en encarnar un arquetipo u otro—, sino que podemos serlo todo, ¡somos merecedoras de un buen sexo y un buen amor!

¡Ah!, y por cierto, eso de que el tóxico es el que mejor te folla también es una ilusión propia, creada por la liberación de sustancias químicas y hormonas que se generan ante una adicción. La intermitencia emocional hace que los encuentros sean mucho más intensos, porque se juega con la carencia y la erotización del reto. No es que el tóxico te folle mejor, es que tu propio cerebro te hace creer que este te folla mejor. Y, como si de un yonqui cuando tiene su chute de heroína se tratara, vives el encuentro como el agua en el desierto, absolutamente distorsionada por la adicción que genera. De hecho, a nivel cerebral es muy similar, solo que en vez de ser una adicta a la heroína, eres una adicta a la intermitencia relacional que genera esta persona en ti.

Grandes constructoras de realidades inexistentes

En este chip mental de amor romántico también incluye la *app* correspondiente para idealizar a una persona y enamorarnos de la proyección mental que tenemos sobre ella.

Dime, ¿cuántas veces has estado con alguien que resultaba increíble en todo lo que hacía, casi inmortal, capaz de salvar a todos los gatitos del planeta, si se lo proponía? Muchísimas. Estamos educadas para ello, de hecho.

Desde que somos pequeñas nos enseñan el arte de la idealización con absolutamente todo en nuestra vida. Idealizamos la maternidad, la carga doméstica, la relación con nuestro marido, la adultez, la esclavitud... Idealizamos casi todo lo que nos rodea, menos a nosotras mismas. Curioso, ¿verdad? Todo lo que esté fuera de nuestra persona es automáticamente mejor que nosotras o tiene un potencial mayor para, al final, ser mejor que nosotras.

Esto es una putada, la verdad, aunque tal vez a estas alturas ya lo hayas descubierto por ti misma. Somos creadoras de realidades paralelas donde la persona con la que estamos se convierte, al fin, en un romántico empedernido. En un emprendedor en potencia. En un gestor emocional de manual. O, simplemente, en un adulto funcional. Esta tendencia hace que, cuando empezamos con una persona, nos enamoremos de la proyección que tenemos en nuestra cabeza, con la firme esperanza de que nosotras —y solamente nosotras— podemos cambiarla.

Está de más decir que es injusto para todas las partes implicadas: injusto para el otro, que no tiene ni idea de esa proyección y que no quiere ser moldeado por otra persona, e injusto para ti, porque inviertes tiempo y tiempo en una relación con alguien que solo vive en tu cabeza. Es como si estuvieras saliendo a tiempo completo con tu amigo imaginario, lo cual nos lleva a un nivel de esquizofrenia interesante, la verdad.

Esta dinámica genera una adicción a muchos niveles para nosotras: primero, nos posicionamos como las salvadoras y cuidadoras, algo que nos encanta, porque hemos sido educadas para que nos encante. Segundo, somos incapaces de dejar la relación porque no somos conscientes de que estamos enamoradas de una ilusión mental y no de la persona en su totalidad. Tercero, aguantamos una cantidad increíble de mierda abusiva con la esperanza de que cambiará, porque, en efecto, vamos al primer punto, somos las salvadoras y cuidadoras.

El círculo vicioso de la idealización es una condena a largo plazo para el sobrefuncionamiento femenino, la despersonalización total de tu identidad y la vivencia de una realidad que no corresponde, ni va a corresponder nunca, con tu fantasía mental.

Ahora es cuando estarás pensando: «A ver, Noemí, pero mi pareja ha avanzado mucho desde que está conmigo. Antes apenas hacía (inserta aquí cualquier acción importante para ti) y ahora sí. Las personas evolucionan y simplemente necesitan aprender».

Es importante que nos demos cuenta de cómo tratamos a nuestras parejas y todo lo que nos implicamos. He estado ahí, te lo juro, hasta que me di cuenta de lo que yo recibía a cambio, más allá de validación ante mi papel de salvadora, terapeuta emocional, esclava a tiempo completo y madre de una persona con los huevos llenos de pelos desde hacía décadas.

Siempre estaba para el otro, enseñando y enseñando; era la maestra de mi pareja, y eso establecía una jerarquía insana en la relación. Me cargaba a mí con todo el peso de la vida, mientras que al otro lado había alguien relajado con el proceso. Y yo, sencillamente, había asumido que esto era lo mejor a lo que podía aspirar, así que generaba una proyección en mi cabeza de una realidad paralela donde esa persona se convertiría en quien yo quería, y, sorpresa, nunca sucedió.

Quiero que reflexiones sobre el presente, sobre tu relación en este instante. ¿Te sientes satisfecha con quien es hoy esa persona? Si te preguntara si te ves el resto de tus días a su lado, tal y como es en este momento, sin evolución mental ni aprendizaje, ¿qué me responderías?

Todos los seres humanos evolucionamos, por supuesto, incluida tú. Mereces sostén, apoyo, consejos, equidad en la distribución de la carga de ser una adulta funcional, cagarla, cuidados, resolución y, en definitiva, no ser inversora y socia única de esa empresa llamada Relación Idílica S. A.

Deja de vivir en un futuro prometedor y empieza a enamorarte de tu presente, porque te aseguro que ningún pensamiento vive gratis en tu cabeza.

Autorromanticismo como terrorismo para el amor romántico

La necesidad imperiosa de la media naranja nos ha llevado a sentirnos incompletas, aunque cada vez más, en la actualidad, se ha deconstruido este pensamiento, pero, en esencia, la búsqueda y el anhelo siguen estando muy interiorizados.

Esto nos lleva a un sufrimiento silencioso donde soñamos y esperamos que tengan detalles con nosotras. Y en ocasiones, cuando llega esa relación, seguimos soñando y esperando que tengan detalles con nosotras.

Nunca nos enseñaron a ser románticas con nosotras mismas. Menudo error.

El autorromanticismo es la capacidad de cuidar la relación que más te va a durar en la vida: la tuya propia. Eres el gran amor de tu existencia y, sin embargo, buscas consentir a todo el mundo menos a ti. ¿Por qué? En parte por la necesidad de ser vistas y elegidas por el otro, y no por nosotras mismas.

Es importantísima esta práctica, ya tengas o no una relación. Ser romántica contigo misma es un paso enorme para el amor propio y el merecimiento. Dedicamos tanto esfuerzo y energía a lo externo que, en lo personal, nos relegamos al último puesto. La celebración de tu propio ser es necesaria para seguir conectada a tu identidad, tu poder, tu placer y tu amor.

No hay excusas para esto, todo depende de las prioridades. Si el vecino de enfrente es más importante que tú o, por el contrario, estás en el primer puesto. Tampoco depende de tu presupuesto económico, hay muchas fórmulas de autorromanticismo que son totalmente gratuitas. Lo único imprescindible es la voluntad para seducirte a ti misma.

Para fomentar ese autorromanticismo, te dejo una lista de prácticas que debes cumplir. El reto es llegar a tacharlas todas y probar varias fórmulas hasta dar con tus favoritas. ¡Disfruta amándote!

- ✓ Comprar unas flores que te gusten, para recordarte cuánto te amas.
- ✓ Salir a dar un paseo por la naturaleza con música romántica y ver el atardecer.
- ✓ Darte un baño relajante.
- ✓ Cocinar tu plato favorito y disfrutarlo como nunca.
- ✓ Ir a tu restaurante predilecto y estar contigo misma.
- ✓ Dejarte una nota en el espejo que te recuerde lo increíble que eres.
- ✓ Ir a un taller o a una clase que favorezca el autocuidado y el amor propio.
- ✓ Planear una sesión de cine en casa, con mantita y palomitas.

- ✓ Escribirte una carta de amor hacia ti misma.
- ✓ Crear una *playlist* de canciones que muestren el amor que te tienes.
- ✓ Vestirte *sexy* y hacerte fotos sensuales que tú misma vas a valorar.
- ✓ Buscar o crear un aceite de masajes y aplicarte uno por la noche antes de dormir.

Cubrir la necesidad romántica contigo misma es un ataque directo hacia la idea de que el amor romántico solo puede venir de una pareja. Si llenas ese vacío con autocuidados, te aseguro que llenarás tu vida de amor y detalles que dependen única y exclusivamente de ti misma.

Haz que tu *yang* se enamore de tu *yin*

En 2021 estaba en un retiro de tantra experimentando una de las vivencias más difíciles y, al mismo tiempo, más poderosas, que me dejaron un legado de autoconocimiento que todavía hoy aplico. En uno de esos momentos en los que entré en trance, observé una luz verde que se movía frente a mí mientras una voz me decía: «Haz que tu *yang* se enamore de tu *yin*». Y fue absolutamente revelador.

En el taoísmo, el *yang* hace referencia a la energía masculina y el *yin* a la femenina. ¿Esto qué significa? En Occidente, cuando se mencionan estas polaridades, casi siempre se atribuyen a conceptos asociados al género y a los roles, pero está lejos de ser algo así.

La energía femenina (*yin*) trata la capacidad creativa, la sabiduría, la paciencia, la receptividad, la introspección, la intuición. Sin embargo, la energía masculina (*yang*) se relaciona con la materialización, la expansión, la acción, la lógica. No podemos materializar algo que no hayamos creado; por ello, la energía femenina es la base de cualquier ser humano y de varias filosofías y energías corporales, como la *kundalini*.

Haz que tu lado masculino se enamore de tu lado femenino. Haz que tu femenino se enamore de tu masculino. Dependiendo de tu tendencia energética y el desequilibrio de la polaridad, deberás hacer un trabajo en una dirección o en otra. Pero lo más importante es la personificación de esas energías en ti misma, en tu totalidad. Entender la cohesión de ritmos y velocidades, la lentitud con la rapidez, la introspección con la apertura, la oscuridad con la luz.

El fuego y el agua pueden parecer elementos antagónicos, pero su equilibrio es esencial para la armonía y la supervivencia. De igual manera, la fusión de tus energías internas crea un estado de plenitud y bienestar. Aprende a bailar entre la acción y la quietud, a combinar la fuerza con la suavidad y a navegar entre la lógica y la intuición. Al hacerlo, no solo encuentras el término medio dentro de ti, sino que también te vuelves un ser completo capaz de enfrentar los desafíos de la vida con una sabiduría profunda y una paz interior inquebrantable.

Con esa unión dejarás de buscar fuera todo lo que ya está en ti.

El romanticismo necesario en la amistad

Anhelamos un amor romántico que se base en la relación de pareja, y no somos conscientes del afecto que ya existe en nuestra existencia. El mayor regalo que podemos tener, sin duda, son las amigas. Y se habla poco de este tema, pero soy una firme defensora de la necesidad de exaltar y mostrar el amor que hay en la amistad.

Mis amigas me han salvado de muchísimas cosas, han caminado en mi luz y en mi sombra. Han aplaudido como locas cuando estaba encima de un escenario y han puesto el hombro cuando tenía el corazón roto. Hemos saltado y reído, hemos pasado angustia y dolor, pero, ante todo, hemos estado juntas.

Para mí, todas y cada una de ellas son parte de mi alma y de mi corazón. En el momento en que el mundo se desmorona, mis amigas siguen ahí, al pie del cañón. Las quiero muchísimo.

En 2018 me mudé a Madrid y conocí a Vanessa, mi *perri* y mi mejor amiga. Ella se convirtió en una base tan grande en mi existencia que nos hicimos inseparables. Hemos pasado vida y muerte juntas, es mi constante. A finales de 2020, para su cumpleaños, le pedí que se casara conmigo. Y este es el instante en el que todo el mundo se pregunta: «¡Pero ¿sois novias?! ¿Folláis? ¿Va a ser un matrimonio legal? ¿Es poliamor?». No, no, no y no (aunque es uno de los grandes amores de mi vida). Sencillamente se trata de celebrar algo que no tiene espacio para la celebración: la amistad.

Soñamos con vestir de blanco e ir al altar, con tener una pareja con la que nos sintamos vistas y queridas, pero en la vida hay mucha gente que nos ve y nos quiere, simplemente se trata de ampliar la mirada. Esto de casarme con mi mejor amiga mucha gente lo ve como una estupidez tremenda (sin embargo, sería distinto si esta fuese mi pareja con quien simplemente no me quiero casar de forma legal, pero sí ceremonial). Se ve como un juego de niñas, como una tontería que se hacía en la infancia cuando, curiosamente, teníamos más amplitud para el amor y la innovación.

Durante todos estos años que he estado a su lado, mi mujer y yo hemos *romantiqueado* muchísimo: citas a la luz de las velas, tardes de cine, escapadas, *spa* y masajes, ramos de flores, bailes lentos, mimos, paseos cogidas de la mano, mensajes infinitos de éxtasis amoroso y un largo etcétera. Llenábamos una la vida de la otra a base de esos detalles que nos hicieron creer que solo provenían de un tipo concreto de amor.

Sé romántica con tus amistades, de verdad. Compra flores, cena a la luz de las velas, míralas a los ojos y siente la profundidad del vínculo, la absoluta certeza de que estás rodeada de ese amor, ese que no aparece en los cuentos de hadas.

Sé que, en ocasiones, a ciertas edades, es difícil encontrar una red afectiva donde dejarte sostener. Esta fue una de mis mayores obsesiones cuando abrí Santo Amor: construir un espacio donde podamos construir una comunidad tangible y amarnos entre todas. Y así fue, mujeres sosteniendo a mujeres.

A través del ocio y de las actividades extras, podemos generar lazos interesantes. Te animo a que te apuntes a alguna clase que siempre hayas querido probar y que nutra tu autoestima, tu poder y tu amor, ya sea en Santo Amor o en cualquier otro lugar maravilloso cerca de tu hogar.

Tus amigas son el recordatorio evidente de que no eres una persona difícil de amar, cuidar o valorar. No te conformes con menos en tus relaciones románticas.

Más vale soltera que mal acompañada

La soltería ha sido un elemento de condena y de tortura para todas. Parece la mayor desgracia que te puede suceder, una loca con gatos y vino. En especial a ciertas edades, si estás soltera significa que hay algo malo en ti que no acaba de funcionar. ¿Por qué llevas tanto tiempo sin pareja? ¿Es que eres un poquito *especialita*?

Curioso que a las mujeres se nos cuestione la temporalidad de nuestra soltería; sin embargo, los hombres son el soltero de oro o el bohemio que se está encontrando a sí mismo —a sus casi cincuenta años, mientras se gasta la manutención de su amado hijo, que no ve nunca, en *gin-tonics* que sirven de ensalada y ropa hortera para salir a hacer *running* una vez al mes.

Nosotras no tenemos permiso ni de una cosa ni de la otra, sencillamente debemos sentirnos realizadas a través de relaciones de mierda en las que estemos jodidas hasta el día de nuestra muerte. Si acumulamos muchos años en soledad, significa que nuestro *carnet de insoportable* gana más puntos. Y, bueno, en parte es cierto: a medida que estamos solas y disfrutamos de nuestro tiempo y libertad, nos da más pereza aguantar mierdas que, de lo contrario, nos comeríamos día tras día.

Ojalá le perdamos el miedo a estar solteras, a vivir a nuestro propio antojo, a ponernos en primer lugar y a priorizar la red afectiva que nos nutre y nos valora. De ese modo no soportaremos muchas de las dinámicas tóxicas y abusivas con las que hoy cargamos y que nos afligen. Muy probablemente, el *bare minimum* (traducido como el 'mínimo exigible'), un concepto anglosajón que ha despuntado muchísimo en redes sociales, subiría considerablemente. No aplaudiremos hechos como hazañas básicas de la vida, tales como que cotice en la Seguridad Social, que sea una persona limpia y ordenada, que se preocupe por nosotras, que nos respete, que no quiera meter el pene en todos los agujeros de la ciudad o que no utilice herramientas de manipulación y abuso para destrozarnos la vida. Y ahí estamos nosotras, fascinadas: «¡Tía! ¡Mi pareja no ha matado a mi gato! ¿No te parece un hombre fabuloso?», «Guau, es capaz de hacerse la maleta solo, limpiarse el culo y poner una lavadora», «Vaya, no necesita seguir a trescientas tías en Instagram, ¡es ideal!». Heeeeermana, deja de romantizar el mínimo exigible, porque mereces mucho más, joder.

Por lo tanto, a pesar del enorme afán que pone el mundo para que las mujeres solteras se sientan ogros entre la multitud y se replanteen si algo falla en ellas, en realidad son las grandes conocedoras de que, lo que realmente no funciona, no tiene relación con su persona, sino con la calidad del mercado.

Si dejamos de dar oportunidades a trozos de mierda, tal vez daremos espacio a que estos empiecen a mirarse en el espejo y pensar: «Vaya, llevo bastantes meses sin ligar con nadie, ¿qué está pasando? ¿Acaso debería replantearme mi crecimiento de una vez por todas y madurar?».

De todas formas, si no se da una tasa evolutiva dentro de la población masculina disfuncional, al menos esta no te joderá la vida. Lo cual es un éxito, si me preguntas.

VII

NO ES TU TIPO, ES TU PATRÓN

Hay una escena que me apasiona de la película *Come, reza, ama,* donde la protagonista cuenta un chiste. Dice así:

Un creyente iba cada día a rezarle a Dios para que le tocara la lotería. Se sentaba y le pedía, «Por favor, por favor, por favor..., que me toque la lotería». Y otro día, y otro día, y otro día. Una mañana, Dios estaba hasta los huevos, bajó a la Tierra y le contestó: «Por favor, por favor, por favor... ¡Compra un boleto!».

La próxima vez que estés llorando y rezando al universo para que no te toquen parejas de mierda, me personificaré en su nombre y te diré: «Por favor, por favor, por favor... ¡Rompe el puto patrón!».

Tal vez hayas tenido la impresión de que tus parejas se parecían entre sí y que se generaba un círculo vicioso de experiencias que desembocaban en el mismo mar. Este fenómeno se conoce como patrón, una tendencia inconsciente de la mente a reproducir en bucle situaciones y perfiles que nos resultan cómodos. Porque sí, un narcisista, un maltratador o un evitativo, en ciertas personas, resultan una zona de confort.

Cómo nace un patrón

Los patrones de pensamiento, y también relacionales, nacen en su gran mayoría a unas edades tempranas y en una familia desestructurada. Se generan como respuesta a traumas que no sabemos procesar por la falta de desarrollo e inmadurez de la edad, donde se crea un nuevo camino mental para poder sobrevivir. Este verbo es importantísimo: sobrevivir.

El contexto de «familia desestructurada» nos puede parecer muy ajeno y casi asociado con la prostitución, las drogas y el maltrato. Por supuesto, esto es un modelo de disfuncionalidad evidente, pero los hay más sutiles y, por ende, más presentes. Tal vez te resulten familiares estas realidades en tu infancia:

- ✓ Presencia de adicciones (alcohol, drogas, deporte extremo, tecnología como móvil u ordenador...) que evaden al miembro familiar durante horas y horas de ausencia y obsesión.

- ✓ Intermitencia emocional, que combina momentos de amor y diversión, con frialdad y distancia sin motivo aparente.
- ✓ Perfil narcisista donde el miembro es la víctima permanente y utiliza herramientas de manipulación emocional.
- ✓ Inaccesibilidad emocional, es decir, uno de los miembros es incapaz de expresar emociones o amor, y parece imposible acceder a su interior.
- ✓ Control excesivo, que se traduce en una vigilancia ante el entorno, las actividades, los resultados y las acciones de los demás miembros de la familia.
- ✓ Conflictos constantes, fuertes peleas con violencia física y/o emocional que afectan a la estabilidad familiar.
- ✓ Ineficiencia de la comunicación, que se observa con el uso de frases pasivo-agresivas, castigos a través del silencio o explosiones de rabia.
- ✓ Carga de responsabilidad excesiva a edades tempranas, que obliga a la niña a posicionarse como la sensata de la familia, asumir el cuidado y cargo de los hermanos o ser la cuidadora y mediadora del vínculo relacional de los progenitores.
- ✓ Roles de género opresores, en los que se reproduce el modelo patriarcal de la mujer al servicio del marido, de la familia, de la carga doméstica y estructural.

Si varias de estas descripciones te recuerdan a tus primeros años de vida, podría ser indicio de que creciste en una familia desestructurada y, en consecuencia, creaste patrones de pensamiento y relacionales integrados en el inconsciente, como fórmulas de supervivencia y respuestas ante los traumas generados.

A edades como la infancia y adolescencia, todavía nuestro cerebro no está desarrollado y es una auténtica esponja en busca de aprendizaje. Ante las situaciones arriba descritas, empezamos a asumir la realidad a través de la disociación, de la adaptación para proteger nuestra salud mental o de la aceptación del amor tóxico como amor verdadero. Al final, buscamos ser queridas, y esto es especialmente importante en las primeras edades cuando, en familias desestructuradas, asumimos que el amor de los demás (o de una parte) no es algo incondicional, sino que nos lo tenemos que ganar, y que este, además de requerir esfuerzo, es normal que duela o sea tóxico.

Esto genera un camino de pensamiento interno que recorremos a lo largo de nuestra vida si no rompemos con él: ser o no amadas depende de nuestras acciones, no de la capacidad del otro. Por ejemplo, si tu padre abandonó a la familia, el recorrido inconsciente que se crea en tu patrón de pensamiento es la búsqueda de un motivo, y este siempre va a tener relación con tu persona, no con que tu padre fuese un trozo de mierda. Empiezas a asumir que tal vez no sabes cuidar, que eres demasiado exigente, que no has sido una buena hija, que debes esforzarte más para ser vista y querida.

El motivo por el cual asumes que ha sido culpa tuya que tu padre te haya abandonado, es porque puedes controlar tus acciones y no las de los demás. A tu padre no puedes cambiarlo, pero ¿y si lo haces tú? ¿Y si entregas más? ¿Y si te esfuerzas más? De ahí que de muchísimas relaciones tóxicas y abusivas sea difícil salir, porque asumimos que la culpa, en parte, es nuestra y debemos sacrificarnos muchísimo para que nos quieran. Si nos abandonan o nos maltratan, es más fácil actuar nosotras que aceptar que, sencillamente, quien tenemos delante no tiene esa capacidad de amar.

Hagamos un resumen de este cóctel, porque es básico para ser conscientes del patrón establecido:

- ✓ Sientes que, si no das, no vas a ser querida. Cuando ves que no te quieren, entregas más y más para ser vista. Muchas veces esto sobrepasa tus límites y tus necesidades, anteponiendo la felicidad del otro.
- ✓ Asumes que tienes la culpa como mecanismo de control. Esto es más fácil de asimilar que el hecho de que te hayan abandonado, maltratado o que hayan abusado de ti, porque la otra persona no tiene capacidad de amar. Si asumes tú la culpa, puedes hacer algo. Si aceptas que el otro tiene la responsabilidad y no depende de ti, te deja expuesta a que te vaya a pasar de nuevo.

✓ Paradójicamente buscas con recurrencia relaciones abusivas y tóxicas porque son tu zona de confort y tu camino de pensamiento está más preparado para eso al haber nacido en una familia desestructurada.

En muchas ocasiones, cuando las personas que han pasado muchos años en la cárcel salen, es muy probable que vuelvan a reincidir para estar de nuevo entre rejas. Y puede parecer absurdo, ¿quién prefiere la cárcel a la libertad? Pero si entiendes ese lugar como tu hogar, tu zona de confort, estás mucho más preparado para vivir en menos de tres metros cuadrados que en sociedad. Justo eso sucede con las relaciones.

Tú estás más preparada para ser maltratada que para ser amada. Tú estás más condicionada a reincidir en relaciones tóxicas, narcisistas, destructoras, porque es tu zona de comodidad. Tú estás hecha para la guerra, te has acostumbrado a vivir entre bombas y tiros, sorteando el riesgo a la muerte inminente, salvando a tu compañero... En definitiva, sobreviviendo donde cada día está lleno de adrenalina y de intensidad —evidentemente negativa, sí, pero intensidad al fin y al cabo—. Si a ti, que estás preparada para el campo de batalla emocional, que creciste en él, te meten en una casa en la que hay una relación sana preciosa frente a un lago en mitad de la naturaleza, mientras los pájaros cantan y el sol te baña la piel, te parecerá el puto infierno.

Voy a escarbar ahora en la herida, ¿vale? «Je, je, je..., ¿más, zorra?», estarás pensando.

Tu amor propio y tu autoestima se basan en el número de desgracias a las que puedes enfrentarte, cuántas gilipolleces puedes aguantar, cuánto sufrimiento eres capaz de soportar para demostrarte a ti misma lo fuerte, resiliente y buena persona que eres.

Esto es clave que lo entiendas, hermana. Cuando intentas salvar a los demás, no es por los demás, va de ti. Cuando cuidas con tanta efusividad y entrega, no guarda relación con el amor hacia el otro, tiene que ver con la necesidad de ser querida por el otro. En las relaciones tóxicas, tú tienes una misión, tienes un objetivo: intentar que el otro cambie, que sea más funcional, que no sea un abusivo de mierda, que te cuide y te ame. Este objetivo te coloca a ti en una jerarquía superior: eres la benevolente, la compasiva, la buena, la que entrega todo. Con esa mirada, te permites amarte. Pero si, por magia divina, al final, ese hombre deja de ser un capullo integral y un trozo de mierda, a ti te dejará de parecer atractiva la relación y buscarás, de nuevo, otro hombre al que rescatar para poder, entonces, quererte y recorrer el patrón conocido donde te sientes como en casa.

Has vivido tanto tiempo en la guerra que has terminado por llamarla hogar.

Qué función tiene el patrón

El nacimiento de esta tendencia tiene un único objetivo: protegerte. Te sientes más segura en relaciones de mierda que en relaciones sanas, porque en su momento no te quedó otra opción que generar una trinchera donde te quedaste a vivir. Eso hace que reproduzcas una y otra y otra vez relaciones horribles, que disparan tu instinto de supervivencia, el mismo que has interpretado como amor. Por eso te resulta lógico que en una relación romántica tengas la sensación constante de inseguridad, hipervigilancia, descontrol emocional, intensidad, malestar, síntomas físicos como insomnio, tensión muscular o dolor estomacal, ansiedad, depresión o vacío existencial.

La función que tuvo el patrón en su día fue el autocuidado y la propia protección ante traumas que, de no desarrollarse ese camino de pensamiento, hubiesen sido mucho más dolorosos. Es más fácil que una niña entienda que el amor es así, antes de que se dé cuenta de que no es querida. O que acepte que es culpa suya y que, si cambia o da lo que la otra persona quiere y necesita, van a cuidarla, protegerla y valorarla.

Eso te salvó en aquel momento, el patrón vino para que te refugiaras en él, y de ese modo no enfrentarte al dolor que estabas atravesando en ese instante y para el cual no tenías las herramientas necesarias.

Al final, como niña, te diste cuenta de que no pudiste cambiar a ese progenitor —que en muchas ocasiones es el padre, aunque la madre puede llevar a un desarrollo de personalidad parecido—, por eso dedicaste toda tu vida a salvar perfiles semejantes a tu entorno familiar, para sentir el amor que te hizo falta en su momento.

El patrón te mantiene en el bucle para asegurar tu supervivencia y para sanar el trauma, pero de lo que no es consciente es de que te sigue manteniendo en el problema una y otra vez. Es importante darse cuenta de que tuvo su función en su momento, pero ahora ya no sirve.

Síntomas de la adicción al patrón

El paso principal para resarcir el patrón es darte cuenta de que estás en él. Se desarrollan una serie de síntomas que dan ciertas pistas:

- Síndrome de la salvadora, buscas personas *necesitadas* para salvarlas, cuando en realidad la que necesita esa salvación eres tú.
- Tratas de compensar la necesidad de afecto dando más afecto a los demás.
- Atracción por personas inaccesibles a nivel emocional, que te inducen al reto del afecto pendiente de tus progenitores.
- Miedo atroz al abandono, haciendo cualquier cosa para que la relación romántica no acabe.
- Dependencia emocional, en la que basas todo tu bienestar en el estado del vínculo.
- Sientes más comodidad en relaciones problemáticas que en saludables. Por ello nunca has tenido una pareja sana.

- Cargas con más responsabilidad, culpa y peso que la otra persona. Evidente sobrefuncionamiento.
- En el fondo crees que no mereces felicidad, éxito o amor, porque no te lo has ganado.
- Hipervigilancia en la pareja, aumenta tu necesidad de control de la persona y de la relación. Desde sus amistades, estilo, móvil, vida laboral, familia...
- Idealizas constantemente lo que podría ser tu pareja y vives el presente como un mero trámite para ese futuro que solo está en tu cabeza.
- Tienes miedo a la soledad y a enfrentarte a los sucesos difíciles de la vida (muerte de los progenitores, enfermedades, problemas económicos...) sin una pareja. Por ello, te conformas con cualquier persona con tal de estar acompañada, aunque esa persona no sepa darte apoyo emocional o vital.
- Tiendes a experimentar otras adicciones, como la comida, el alcohol, las drogas o el móvil.
- La tranquilidad y la calma en la vida te despiertan las alertas de que algo no va bien. Te sientes más cómoda en la dificultad que en la facilidad.
- Sientes dolor corporal recurrente, ya sean dolores de cabeza, estómago o musculares, que no responden a un factor médico específico.
- Evitas hablar de tu relación con las amigas por vergüenza y, si finalmente lo haces, te pasas la conversa-

ción excusando las acciones de tu pareja por el bochorno que sientes al aguantar lo que estás aguantando.

- Pierdes la conexión con la vida y la felicidad, tu lado creativo y risueño se va muriendo poco a poco.

Si varias de estas cuestiones te han revuelto y te sientes identificada con ellas, me temo que, en efecto, estás siendo esclava de tu patrón.

VIII

ROMPE EL PATRÓN

No es una tarea nada fácil, a mí me costó muchos años darme cuenta de que, en efecto, todos y cada uno de los hombres con los que había salido eran clones de mi padre o de mi tío, los dos hombres con los que mantuve más relación en mi infancia. Tenía totalmente interiorizado que el amor debía ser doloroso y tormentoso, y que las discusiones y los conflictos eran fruto de la pasión relacional.

A los tres meses de estar soltera, me instalé una aplicación para ligar. Hice *match* con un chico. Quedamos varias veces, fue el mismo hombre que me leyó poemas hasta altas horas de la madrugada, blablablá. Bien, yo no buscaba nada serio, pero sí unos cuidados mínimos.

En mi caso, tenía otros ligues, amantes potenciales, pero mi patrón se disparó de nuevo con él, con la secuencia conocida, con el reto de inaccesibilidad emocional y salvación vital.

Al mes de conocerlo, me fui de crucero con mi familia y me cabreé al ver que ni siquiera me preguntaba qué tal estaba.

En ese instante, pensé en mantener una conversación a mi vuelta a Madrid sobre lo que era importante para mí: los cuidados y la comunicación. De repente, me detuve en seco, alcé la mirada y observé el mar delante de mí.

De nuevo, me iba a sentar en la mesa de otro puto bar a mantener otra puta conversación sobre cómo ser responsable a nivel afectivo. Ahí me di cuenta de que no era mi tipo, sino mi patrón.

«¡¿QUÉÉÉÉÉÉÉ?!», grito dramático.

¿Otra vez metida en el mismo ciclo? Ni de broma. Me prometí a mí misma que no iba a dejar espacio a lo conocido, a la tormenta emocional, a la intermitencia, a la conveniencia, a la falta de responsabilidad, aunque se tratara de un vínculo sexual y no buscara nada romántico, ¡me daba igual! En mí ya se había activado un bucle, y por ello, iba a parar los encuentros.

Tras ese movimiento sucedió algo mágico. Pf, vaya *chismecito* te estoy contando. No te atragantes con las palomitas, que te veo.

Ese mismo día —bucólico de promesas frente al mar—, me escribió un chico por una *app*. Se llamaba Diego, un brasileño afincado en Madrid, dedicado a las finanzas y apasionado del yoga y de la filosofía hinduista. Se sintió sumamente atraído por la idea de que fuese escritora y lo primero que me preguntó fue sobre mi proceso al escribir un libro, es decir, sobre lo menos erótico que puede haber en mi existencia (con jornadas de dudosa salubridad y un moño lleno de mierda, como estoy escribiendo estas palabras, vaya). A los pocos días, se convirtió en el primer hombre de mi vida que se había comprado un libro mío y se lo estaba leyendo. Hecho histórico.

Mantuvimos horas y horas de conversación, en las que me anticipaba cuándo se iba a ausentar, me daba los buenos días y las buenas noches, me preguntaba y se fascinaba, cada vez más, por lo que yo *era* y no por lo que yo le *daba*.

Nos conocimos a finales de agosto y fue todo tan perfecto que mi amiga Raquel me pidió su nombre completo, dirección y datos de la empresa donde trabajaba, porque se pensaba que era un psicópata. Fíjate lo desconfiadas que somos las mujeres cuando nos encontramos con un hombre decente, y no es para menos, porque son como una estrella fugaz.

Por primera vez en mi vida, había conocido a alguien lejísimos de mi patrón: bueno, comprometido, con una inteligencia emocional asombrosa, funcional, limpio, resolutivo y tántrico. Podría seguir y seguir, porque la lista parece la respuesta del universo a mis rezos nocturnos.

Una conexión que no buscaba en absoluto, pero que me encontró. Un vínculo que me descubrió en mitad de un proceso de sanación, al que le comuniqué mi situación incluso antes de la primera cita. Él simplemente me contestó: «Si me permites, puedo estar a tu lado mientras curas tu pasado». Una relación que mi mente no aceptaba porque había transcurrido poco tiempo desde la ruptura y tenía que dejar más espacio. Tía, sentí rabia porque Diego había aparecido en ese preciso instante de mi jodida existencia, hasta que bajé al corazón y este no llevaba reloj.

Tras un periodo —corto para algunas personas, largo para otras, idóneo para mí— decidí avanzar con calma y cautela, y ahí me invadió el mayor miedo, aburrimiento e insatisfacción de mi vida.

Busca la intensidad horizontal, no la vertical

La insatisfacción es un signo de que, en efecto, estás cambiando tu patrón. Nosotras, que venimos de la guerra, estamos acostumbradísimas a la intensidad tóxica en todas sus vertientes. Percibimos como normalidad la intensidad vertical, es decir, una muestra de afecto junto con cierta distancia y frialdad. No hay nada estable, todo es puro movimiento desbocado hacia arriba y hacia abajo. Esto genera un engaño en nuestro interior y erróneamente sentimos que lo bueno es impresionante, porque se compara con lo malo. Nos conformamos con migajas de amor cuando estamos famélicas de pan. Y esa mierda nos sacia. Qué triste, ¿verdad?

La intensidad vertical aporta algo muy muy peligroso: dopamina en vena, pura adicción y adrenalina. Nos sentimos tan vivas, tan resolutivas, tan buenas personas, tan salvadoras, tan merecedoras de toda esta dinámica que al final nos enganchamos como yonquis sin ser conscientes de que, por dentro, nos están matando lentamente.

En contraposición existe la intensidad horizontal, aquella con fluctuaciones muy contenidas, que mantiene el equilibrio y la estabilidad emocional a todos los niveles. No hay grandes dramas; por lo tanto, percibes que no hay tantas alegrías o pasión descontrolada. De ahí que esa intensidad, en infinitas ocasiones, resulte aburrida e insatisfactoria, porque la vemos estable. Sin embargo, si cambiamos la perspectiva, nos daremos cuenta de su absoluta profundidad; y, como ya hemos visto, desde la sutileza puedes sumergirte más y más.

A partir de ahora, busca ese tipo de relaciones, las que te generan incomodidad porque no puedes salvar o *maternar*, las que no te resultan familiares, aquellas personas que no son tu tipo. Esto es una clara señal de que, amiga, por ahí es. No busques adrenalina, busca paz, aunque tu cerebro lo asuma como insatisfacción o aburrimiento. Te aseguro que a la larga, en cuanto te das la oportunidad, tu sistema nervioso se calma y empiezas a entender lo que es el amor de verdad.

¿Para qué sirves?

Entonces, si no puedes salvar a alguien, o *maternar,* o ser la terapeuta a tiempo completo, o sobrefuncionar, o cuidar de forma prioritaria..., ¿para qué sirves? ¿Por qué querrían estar contigo?

De las primeras cosas que me sucedieron al inicio de la relación con Diego fue, sencillamente, que no sabía para qué servía yo en una relación, como si esto fuese un puesto de trabajo con un montón de tareas exclusivas para mí.

No entendía por qué quería estar conmigo, qué le daba a cambio, pero, sobre todo, por qué era merecedora de ese amor si no me lo había ganado.

Hasta que entendí, con el paso del tiempo y mucha paciencia, que esa persona está conmigo por lo que soy, y no por lo que doy. No tengo que servir, tengo que ser. Y cuanto más soy, más me ama, ¿por qué? Porque doy lo que soy, no baso el ser en el dar.

Tu mente ahora mismo debe de estar colapsando. Te lo explico: si entregamos a nuestros vínculos lo que ya somos, nuestra totalidad, es lo más poderoso y bonito que podemos ofrecer, sin que esto ponga en riesgo nuestra protección y autocuidado, sin ponernos por debajo o por encima de nadie, simplemente siendo. De lo contrario, si basamos nuestra identidad en todo lo que damos y damos y damos, esto será infinito, porque cubriremos nuestras carencias a través de las necesidades de la otra persona con tal de ser merecedoras de amor.

No es el 50/50

Uno de los grandes mitos de las relaciones sanas es la equidad energética y relacional. Esta casi siempre se establece en mitad y mitad, muy favorecida por el falso concepto de la *media naranja.*

En realidad, somos dos adultos funcionales que ya estamos completos a todos los niveles, pero que juntos podemos profundizar y experimentar otra parte de la vida. Por lo tanto, somos el 100 frente al 100, no el 50 frente al 50.

Dicha fórmula nos ofrece otra realidad, y es que nuestra batería no siempre está llena, sino que fluctúa. Hay veces que tú estás al 30% porque has tenido un día de trabajo agotador, y la otra persona está al 70% porque el suyo ha sido más relajado. Bien, esa persona podrá hacer más por ti. Otro día es al revés, otro día estáis más igualados, otro día necesitas más sostén, y así hasta equilibrar la balanza de la relación, donde ambas personas dan y reciben.

En el tantra hay un ejercicio que se llama «la respiración circular». Es una belleza de meditación en pareja donde exhalas por la boca y la persona que te acompaña inhala. Se retiene ligeramente la respiración para proceder al mismo recorrido, pero a la inversa: quien tiene el aire exhala y tú vuelves a inhalar. Este círculo de energía es vital para entender cómo funcionan las relaciones equitativas.

Si tú solo inhalas, inhalas e inhalas, llega un punto en el que estás hiperventilando y en tus pulmones se produce el mismo efecto que si los tuvieras vacíos: te ahogas.

Si tú solo exhalas, exhalas y exhalas, te acabas cansando y, de nuevo, te ahogas.

Apliquemos esto a las relaciones personales y nos daremos cuenta de la importancia del flujo de aire: uno recibe, otro da y viceversa. Para que haya movimiento, pero, sobre todo, para que nadie se ahogue.

Selección, provocación y distorsión

A los pocos meses de estar con Diego, mantuvimos una conversación sobre los vínculos que tenía como hombre soltero antes de conocerme. Yo le había hablado de algún ligue mío con todo lujo de detalles y sin ningún tipo de problema, pero cuando él compartió los suyos conmigo, entré en un *shock* tan profundo que abrió mi herida de infidelidad e inseguridad de par en par.

En mitad del tren de vuelta a Madrid, empecé a llorar en silencio y a sentir una ansiedad arrolladora mientras escribía a mi amiga Anna y le contaba una realidad absolutamente ficticia que solo vivía en mi cabeza. Y ahí me dijo: «Hermana, creo que estás aplicando la regla de selección, provocación y distorsión». Pongo mi ejemplo para que se entienda cómo funciona.

Selección. Había elegido una serie de palabras para generar una realidad que confirmase mi verdad interna: no merezco amor, no soy suficiente, me vuelven a traicionar. De ese modo, tenía la excusa para espetar que «todos los hombres son iguales», romper una relación que me generaba incomodidad (porque te recuerdo que no era mi patrón) y buscar de nuevo un vínculo que alimentara mi adrenalina.

Provocación. Aunque no lo hice, en ese momento solo quería avivar un conflicto de intereses para motivar una discusión y ponerlo a prueba con provocaciones verbales. Se trataba de actuar con cierta maldad para obtener la respuesta que mi cerebro adictivo necesitaba: que era tóxico y que me tenía que ir.

Distorsión. Pese a que en la misma conversación él me reiteraba en varias ocasiones que esos vínculos pertenecían a su pasado y que ya había hablado con cada una para finalizar los encuentros y priorizarme, mi cabeza distorsionó completamente la realidad y generó una historia que reforzaba mi sesgo de confirmación: se había conformado conmigo, pero iba a seguir intentándolo con las demás en secreto para dejarme por otra mejor que yo. «Y el Óscar al mejor guion es para... ¡Noemí Casquet, por *La película que se ha montado en su cabeza*!».

Esta tendencia es muy muy típica de exadictas a la toxicidad que estamos en rehabilitación relacional. Una vez que hemos roto el patrón, nuestra búsqueda interna será retomar el camino conocido, porque, de lo contrario, sentimos que estamos en peligro. Sí, la calma, para nosotras, puede ser el mayor signo de amenaza.

Vuelvo al ejemplo de la guerra. Si desde que tenemos uso de razón hemos crecido entre tanques, bombas y tiroteos, experimentamos los momentos de estabilidad con una ansiedad tremenda y una hipervigilancia, para que no nos pille el próximo golpe con la guardia baja. En el momento en que, de nuevo, hay ataques, ya nos convertimos en las militares veteranas que somos y se reduce la angustia.

Si no hay motivos de alerta, de peligro, de muerte... Si no escuchamos la guerra a nuestro alrededor, la ansiedad y la hipervigilancia aumentan en consonancia con el tiempo que estamos sin ataques, esperando el mayor misil de la historia. De ahí que cojamos el arma y empecemos a disparar a la nada, porque no aceptamos que la guerra, amiga, ya ha acabado.

Esos ataques a la nada se logran inventando una realidad inexistente, generando el caos, provocando situaciones incómodas para ponerle a prueba, alimentando el sesgo de confirmación, distorsionando lo que nos han dicho o han hecho, y, en definitiva, encontrando motivos para acabar con la relación más alejada del patrón —y, obviamente, más sana.

Debes ser sensata contigo misma y observar si la relación te ofrece adrenalina o alimenta tu papel de salvadora, cuidadora y rescatadora oficial. Si no es así, entonces estás efectivamente seleccionando, provocando y distorsionando para dinamitar el vínculo sano y alistarte, otra vez, en la guerra.

Reconoce tu tendencia adictiva

El patrón genera una adicción y, en realidad, debes vivir su ruptura como una rehabilitación de cualquier otro vicio, que requiere de muchísima aceptación y fuerza de voluntad para no caer en él de nuevo.

Para este proceso de transición hay algunos ejercicios que te pueden ayudar muchísimo. Sé que puede dar mucha pereza hacerlos, pero ese es el juego que tiene tu mente para seguir manteniéndote en el mismo bucle. Y, como efectivamente siempre te digo...: ¡hazlos, perra!

EJERCICIOS PARA RECONOCER TU TENDENCIA

1. Línea de traumas y relaciones

Se trata de dibujar una línea horizontal en un papel. A continuación, divide esa línea en pequeños segmentos, desde cero hasta tu edad actual. Luego, piensa en los acontecimientos que ocurrieron a ciertas edades; haz un esfuerzo por recordar. Anota los traumas, relaciones y momentos impactantes a los que te enfrentaste.

Cuando termines, tómate un momento para analizar si tus parejas, tus heridas y tu infancia guardan relación.

Si has repetido patrones y estás en un bucle, te darás cuenta enseguida. Verlo de una forma visual es muy revelador.

Línea de traumas

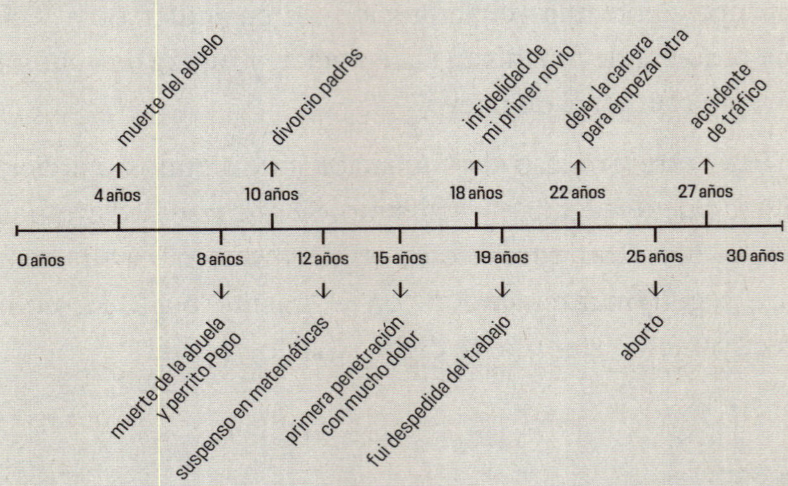

2. Lista de *red flags*

Al inicio de mi soltería me obsesioné con el patrón, sentía que me estaba engañando a mí misma y que no podía confiar en mis gustos, porque precisamente mis gustos me habían llevado al mismo punto de inicio durante años. Un ejercicio que me sirvió muchísimo fue la lista de las *red flags*. Se trata de anotar en una misma nota del móvil, el nombre de tus amantes o parejas potenciales, y los hechos que te han sentado mal, te resultan familiares o han despertado tu patrón. Añade un emoji, asteriscos o cualquier otra forma de puntuación (del 0 al 5) para clasificar su impacto emocional.

Por ejemplo:

MARIO

- No me pregunta cómo estoy. ***
- Hizo una broma pasivo-agresiva con la duración de mis audios.**
- Me crea expectativas de citas y luego no las cumple.*
- Me culpa de que yo me estoy ilusionando y de que él no tiene nada que ver.****

Ten en cuenta siempre esta lista, porque será tu promesa para no autoengañarte y se convertirá en la brújula que te guía.

3. Mapa de la relación saludable

Dibuja un mapa de tus relaciones ideales, con características y cualidades que deseas en una pareja, y las dinámicas que aspiras a tener. Sé concreta y creativa, usando colores y símbolos.

Haz un círculo en el centro del papel y escribe tu nombre en él. Este círculo te representa a ti. A partir del círculo central, dibuja líneas que se extienden hacia fuera, como ramas de un árbol. En cada rama, escribe una cualidad o valor importante que deseas y anhelas en una relación. Puede que nazcan subramas más específicas dentro de cualidades más generales.

Si te ayuda, responde a estas preguntas:

- ¿Qué características reúne la persona de tus sueños?
- ¿Cómo te sientes en la relación?
- ¿Qué actividades hacéis juntos?
- ¿Cómo se comunica esa persona?
- ¿De qué forma te expresa el afecto?
- ¿Qué sucede cuando no estáis de acuerdo en algo?
- ¿Qué planes de futuro compartís?

Te pongo como ejemplo mi propio mapa:

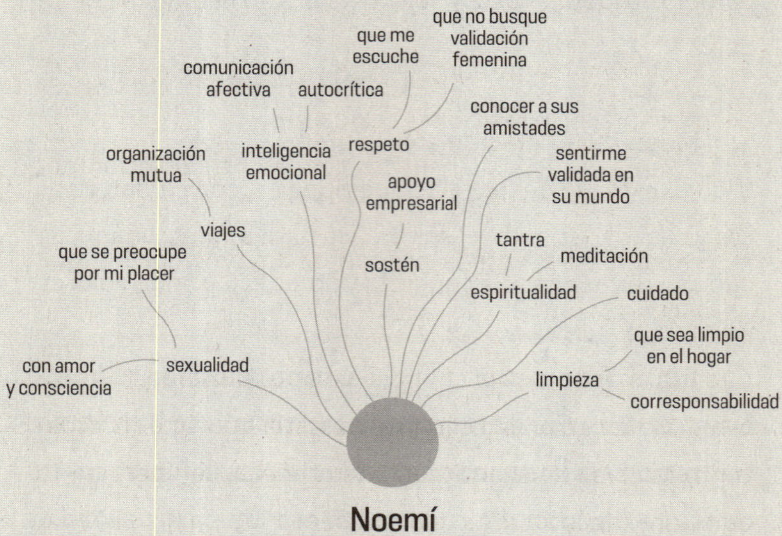

4. La pulsera del patrón

Necesitas una pulsera ligera y fija, que sea cómoda, para que no te moleste, que puedes hacerla tú misma o comprarla. Para activar este ejercicio, haremos un pequeño ritual donde necesitarás: papel y bolígrafo, una vela blanca y un momento de desconexión.

Siéntate con tu pulsera, enciende la vela. Puedes limpiar el ambiente con incienso, un sahumerio o palo santo, lo que prefieras. A partir de ahí, reflexiona sobre tus relaciones anteriores, cómo has repetido el patrón en bucle una y otra vez.

Escribe en ese papel afirmaciones positivas de lo que mereces.

Por ejemplo:

- «Soy plenamente consciente de mis patrones y, a partir de ahora, elijo relaciones saludables».
- «Me libero de las dinámicas tóxicas y mi adicción por ellas».
- «Merezco ser amada por lo que soy y no por lo que doy».

Cuando acabes, dobla el papel, coge tu pulsera y preséntate. Dile quién eres y cómo te gustaría que este recordatorio, que vas a llevar atado a la muñeca, te libere de tu adicción y de los bucles relacionales.

Visualiza todo lo que mereces, el amor propio que debes tener siempre presente y, si te apetece, la relación romántica saludable que te genera paz y tranquilidad, donde te sientes en equidad completamente.

Átate la pulsera a la mano y guarda la nota bajo la almohada. Durante los siguientes 7 o 21 días, depende de lo anclada que sientas tu tendencia, lee la lista de afirmaciones por la mañana o por la noche.

No te liberes de tu pulsera hasta que realmente tengas pruebas de que estás rehabilitada por completo y puedes caminar sin recordatorio. Haz este ejercicio si sientes que, de nuevo, estás cayendo en relaciones tóxicas.

Recuerda que la terapia psicológica está ahí para ti, y que un acompañamiento más personalizado en estos momentos puede ser clave para tu sanación y tu liberación.

Una nueva forma de enamorarte

Eres tu propia guardiana, tu lugar seguro, la protectora de tu bien más preciado: tú misma. Nadie merece más amor, más cuidado, más salvación que tu propio ser. Empieza a darte el espacio que necesitas y ten presente que eres adicta y, como tal, puedes recaer.

Nunca vamos a estar completamente curadas, nunca. En el fondo de nuestro ser, tendremos un anhelo profundo hacia relaciones tóxicas que nos ofrecen una adrenalina que hemos confundido con amor. Por eso debes tener muy muy presente que lo que antes sentías, esa emoción que tu interior había clasificado como «amor», en realidad es ansiedad.

Romper el patrón modifica drásticamente tu forma de sentir las relaciones y, cómo no, de enamorarte. La intensidad vertical desaparece y no percibes un corazón acelerado, un estómago revuelto o una desesperación por ver a la persona. No hay una recompensa por haber estado ausente durante días ni un revolcón impresionante después de una discusión. No hay una retribución propia por salvar a una persona y estar completamente a su disposición, ni discusiones infinitas cargadas de violencia verbal y emocional, quizá incluso física. No hay nada que aguantar, no hay nada de lo que desconfiar.

A partir de ahora, aléjate de esa fórmula conocida de enamoramiento y busca la paz y la calma, porque de eso se trata. El amor fuera del patrón te recibirá con sostén, cuidado, respeto y constancia. Sin intermitencias, sin periodos de silencio, sin soledad, sin humillaciones, sin manipulaciones.

Enamorarte se basa en sentir paz, tranquilidad y seguridad como nunca has sentido con alguien. Es muy posible que, en cuanto conozcas a la persona adecuada, no sientas absolutamente nada y anheles la adrenalina del pasado.

Recuerda: eres como una veterana de guerra que ha idealizado la violencia y la batalla. Ahora que estás retirada, aunque añores la acción y la sensación de estar viva en esas dinámicas, debes reconocer que ponían en riesgo tu salud y tu bienestar. Es momento de disfrutar del sol en el porche de tu casa, con un refresco en la mano, inhalando el aire fresco y descubrir que, ahora sí, esto es vida.

IX

LOS 5 PILARES DEL AMOR PROPIO

Este capítulo, en realidad, está presente en todo el libro, y si has llegado a estas alturas, casi al final, es muy probable que sientas una nueva relación contigo misma y, sobre todo, un aumento de tu amor propio. O eso espero.

El amor propio no requiere de una linealidad de vernos como diosas cada día de nuestras vidas, porque para empezar, en tu experiencia como ser humano, te habrás dado cuenta de que las emociones fluctúan muchísimo, y más si estás dentro de una ciclicidad menstrual. Por lo tanto, sentirnos imparables en cada momento, es algo utópico que no podemos alcanzar. Entonces, si confundimos el amor propio con esta fantasía, acabaremos frustradas y sintiendo que, en efecto, no nos queremos una mierda.

Hay días en los que te vas a sentir una perra poderosa y otros, una perra atropellada, amiga, pero ¿te das cuenta? Siempre una perra perra. Eso es el amor propio, entender que puedes tener días en los que no puedes verte en el espejo, y otros, en los que te follarías a ti misma. Lo más importante es saber que te abrazas en tus peores momentos, y te celebras en tus mejores, y viceversa.

Creo que debemos resignificar el amor propio para darnos cuenta de que, en efecto, es algo que podemos mantener cada puñetero día de nuestra vida. Por ello, vamos a descubrir lo que he nombrado como «los 5 pilares del amor propio»: autocompasión, autoprotección, autocuidado, autorrespeto y autoadmiración.

Autocompasión

Imagina que la voz de tu mente fuese tu compañera de piso. ¿Permitirías que te hablara como lo hace tu cabeza? No, ¡por supuesto! Si alguien, a cada instante, estuviera diciendo cosas como: «Vaya culo más caído tienes», «Eres una inútil, no sabes hacer nada bien», «Estás gordísima», «Estás anoréxica», «¿A quién le vas a gustar?», «Estás acabada» y un largo etcétera, muy probablemente le enviarías a la mierda. Nadie sería capaz de aguantar este maltrato durante todo el día y, sin embargo, te lo permites.

Personifica la voz de tu cabeza para que de ese modo sea más fácil pararle los pies cuando te critique, te insulte o te señale todo lo que —parece que— haces «mal». Porque el amor propio tiene uno de sus pilares sólidos que te ofrece refugio cuando el mundo se desmorona: la autocompasión.

Eres capaz de perdonar toda la mierda que te hizo tu ex, o que por desgracia, soportas de tu pareja, pero a ti misma no te permites ni un pequeño desliz, ¡nada! A veces perdonamos a los demás y somos compasivas con esas personas porque buscamos desesperadamente ser vistas por ellas. Somos las grandes benevolentes, comprensivas de la mayor mierda del planeta, pero para los demás. Para nosotras mismas solo tenemos malas palabras, juicio, castigo y rencor. Qué injusto, ¿no crees?

En todo este proceso en el que estás inmersa, con este incendio que ojalá te esté generando el libro, debes ser paciente y buena contigo misma. Perdonar tantas cosas que hiciste de una forma, para asumir que, al fin y al cabo, actuaste como mejor sabías en ese instante. Y ya está.

La próxima vez que estés pasando por un mal momento, que sientas que eres la peor madre, alumna, empresaria, hija, amiga, pareja, y en definitiva, persona; háblate igual que si fueses un ser querido o alguien externo. No mereces menos de ti misma, aquello que te dices, impacta negativamente en tu persona, y te distancia de tu ser.

Al final acabas disociada y esclava de esa voz tan horrible que reside en ti, una voz que ha sido educada por la familia, por el *bullying*, por el maltrato, por el odio, por los traumas... y que sigue reproduciendo una y otra vez el daño que te hicieron los demás. Pero tú no eres ellos. Recuérdalo siempre. Tú eres tu refugio, y mereces ser paciente contigo, animarte cuando intentas hacerlo como puedes, y alejarte de los extremos como «bien» o «mal» para acercarte al «lo hice, ¡yuju!».

Vas a tener que reeducar tu mente, y esto es muy jodido. Caerás muchas veces en el mismo bucle de pensamiento tóxico, pero es importante la voluntad propia para salir de ahí. Tarde o temprano morirás y tus recuerdos serán las malas palabras que tenías para ti misma. Eso no puede ser.

Por eso, cuando notes que te dices cosas negativas, que te hablas mal, ¡haz un chasquido! Puede ser dar una palmada, un pellizco muy suave, o una respiración profunda. Tú eliges, cualquier pequeño aviso que te evada de ese instante y te conecte con la consciencia del arquetipo, el darte cuenta de que te das cuenta.

Si en ese momento no es posible ni regalarte una sola buena palabra, date un abrazo a ti misma bien fuerte y repite en tu cabeza el mantra de: «estoy conmigo, estoy a mi lado». Esto te ayudará a construir una base sólida de amor propio y verás como poco a poco, tú misma serás capaz de frenar el castigo mental para refugiarte en tu lugar seguro.

Autoprotección

El amor propio te lleva a protegerte de todo aquello que te absorbe y te drena. Aquello que abusa de tu tiempo, tu energía, tu persona, tu espacio. Quererte significa protegerte, y para ello debes establecer límites, empezando por los pensamientos tóxicos que residen en tu cabeza, como hemos visto en el pilar anterior.

Si vives disociada y alejada de tu día a día, siempre pensando en el futuro y poco conectada con el presente, te será casi imposible ver que algo te está incomodando, y por lo tanto, pasarás por alto tu bienestar. Vivir con mayor atención es imprescindible para el amor propio, aunque eso signifique organizar tu día de una forma distinta y no complacer o salvar a todo tu entorno.

En ocasiones, decir que «no» nos puede parecer muy violento, especialmente como mujeres que no tenemos la negación en nuestro vocabulario. Si es tu caso, te propongo la técnica del sándwich, es muy sencilla. Cada vez que quieras decir algo negativo o poner un límite, empiezas a comunicarte con algo positivo, después pones tu límite, y sigues con algo positivo.

Te pongo un ejemplo: imagina que ese compañero aprovechado en el trabajo te pide que hagas una cosa que no te corresponde. Tú siempre acabas salvándole el culo porque te cuesta decir que «no». Bien, ¿cómo te sonaría algo así?

«Pedro, agradezco que tengas siempre tanta confianza en mí para solucionar ciertos problemas, pero me temo que estoy ocupada con mi trabajo y mis responsabilidades. Seguro que, si te pones con ello, te resultará más fácil de lo que crees».

Si lo analizamos, te encontrarás con la estructura de:

Positivo inicial — Límite — Positivo final

Esto te ayudará muchísimo a protegerte e impedir que absolutamente todo el mundo se aproveche de ti porque te bloqueas con el «no» o te parece muy violenta la negativa. A partir de ahí, el cómo se sientan las personas con tus límites, no es tu responsabilidad, ¿entendido?

La autoprotección te dirige directamente a otro pilar fundamental para el amor propio: el autocuidado.

Autocuidado

Este apartado abarca muchas dimensiones, desde lo físico hasta lo emocional, o incluso, espiritual. Es una inversión de tiempo, recursos y energía en nuestra salud y bienestar, y de ese modo alimentar y nutrir el amor que nos tenemos.

Poner límites, la autoprotección, también es necesaria para encontrar momentos de corta y de larga duración, para nutrir nuestro ser. Si establecemos el autocuidado como algo imprescindible, nos daremos cuenta de cómo lo anteponemos a cuestiones que antes eran muy muy importantes, y que en el fondo, no lo son tanto como la propia felicidad.

Encuentra una rutina que te motive en tu movimiento físico. A mí, por ejemplo, me encanta el entrenamiento con pesas y dedico unas 3 o 4 veces a la semana a mi fuerza corporal. Tal vez, en tu caso sea pilates, yoga, baile, caminar, correr, *crossfit*, pádel...; ¡no lo sé! Es de vital importancia la construcción de musculatura, hermana, porque esta será tu seguro de vida y tu plan de jubilación. Cuanto más músculo generes a ciertas edades, más fácil te será mantenerlo cuando vayas acumulando años y, menos dependiente serás de los demás. Esto es amor propio, es tu prioridad y tu compromiso con tu salud. No hay excusas, ni pereza, incluso hay veces que no hay ni ganas, pero jamás puede faltar la disciplina.

Hago un pequeño inciso con esta última palabra, «disciplina», porque esto no significa maltrato, castigo o malestar si en algún momento, por circunstancias de la vida, no podemos mantener la rutina. La disciplina está en querer cuidar tu cuerpo, como sea y donde sea, a través del movimiento que le puedas dar: ¿puedes estirar un poco? ¿Salir a caminar quince minutos? ¡Ya es un éxito, entonces!

Por supuesto, la alimentación es la representación del amor que tienes para tu cuerpo, con esto se nutre tu ser y se llena de energía. Mantén de base una comida distribuida en verduras y frutas, proteína, hidratos de carbono y grasas. Y, obviamente, darte algún capricho guarrete de tanto en tanto también forma parte del placer y del autocuidado siempre y cuando no sea constante.

Cuida de tus emociones a través de tu propia validación y sostén cuando te encuentres inmersa en un malestar o incomodidad —autocompasión—, y mantén tu rutina espiritual para relajar el sistema nervioso y conectar contigo mientras meditas, rezas, te tiras el tarot o cantas unos mantras.

Toda inversión en ti es un ritual de amor propio.

Autorrespeto

El autorrespeto te ayuda a consolidar la forma en la que internamente te tratas y te hablas, no solo a través del sostén, como puede ser la autocompasión, sino con las palabras.

Desde que somos bien pequeñas han hecho mucho hincapié en tres palabras distintas: gracias, lo siento y por favor. Palabras que utilizas con todo el mundo, en varios momentos de tu día a día, menos contigo. Es el momento de que eso cambie.

✓ *Agradécete.* Date las gracias cuando hagas algo por y para ti misma, ya sea poner límites, cuidarte, mimarte o validarte. Agradecer lo que te aportas es un acto precioso de amor propio y refuerza el vínculo que tienes contigo misma.

✓ Si quieres añadir un poco más de gratitud a tu vida, te recomendaría que cada noche, anotaras tus agradecimientos del día. En el mercado existen varios diarios para hacer *journaling* que te invitan a reflexionar sobre lo afortunada que eres en la vida.

✓ *Perdónate.* Pide perdón cada vez que vuelvas a algún bucle, no sepas limitar una situación o incluso no te hayas cuidado como mereces. Esta es una forma muy bonita de abrazarte y reconectar con tu esencia. Al hacerlo, te permites soltar la carga de la culpa y abrir espacio para la compasión.

✓ Si quieres mantener un control sobre tus «lo siento», puedes anotar en la misma libreta de la gratitud, las acciones o pensamientos que hayas tenido durante el día y que te perdonas a ti misma.

✓ *Favorécete.* Cada vez que tengas que hacer algo que no quieras, o veas que la rutina está eclipsando tu autocuidado, cada vez que la pereza esté ganando a la disciplina, o que el estrés esté impidiendo tu descanso; pídete la acción seguida de un «por favor» y verás lo mágico que es. De este modo, tu manera de hablarte será desde el máximo respeto y amor, demandando lo que necesitas desde un lugar amable y cercano. No es lo mismo decir: «Descansa un poco», que «Por favor, descansa un poco». Estoy convencida de que harías más caso a la segunda solicitud, ¿verdad?

De modo que, si mantenemos nuestra compasión, protección, cuidado y respeto, al final, sin duda, llegaremos a un pilar poderoso para que el amor propio pueda brillar: la autoadmiración.

Autoadmiración

En nuestra mente, asociamos el amor propio con la propia admiración, pero de nada sirve alcanzar este pilar si el resto, no están bien consolidados. No podemos admirarnos si nos estamos poniendo en último lugar, nos maltratamos a través de los pensamientos, no ponemos límites a los demás y dejamos nuestra salud y bienestar a un lado. ¿Por qué deberías admirarte entonces?

De ahí que muchas personas se alejen del amor propio, puesto que, sin los cimientos adecuados, la admiración es prácticamente imposible. Debes estar en concordancia contigo misma, para observarte con orgullo de todo lo que estás consiguiendo y de la prioridad de tu persona.

Por lo tanto, una vez que los cinco pilares base estén formados —o incluso en plena construcción— puedes dejarte sostener por ellos y admirar todo lo que estás haciendo por y para ti, sentir orgullo de la persona que eres y celebrar muchísimo todo lo que ya has conseguido.

Mira atrás y observa el camino que has recorrido, ¡es increíble! Eres una superviviente de la existencia, de obstáculos, de dolor, de rupturas, de pérdidas... eres una heroína de la vida. Y aunque en tu cabeza haya mucho espacio para los «debería» y los anhelos de todo lo que quieres en tu futuro, párate un momento, echa la vista atrás y observa lo que ya es tuyo y has conquistado. Honra eso, hermana, porque no ha sido nada fácil y lo has atravesado. Eso es muy, muy admirable.

Celebra cada día en tu interior lo que ya tienes, y sueña, ¡claro que sí!, sueña con aquello que quieres conseguir, pero que no te conecte con la escasez del presente, sino con la abundancia de ser quien eres hoy mismo.

Amarte significa reconocerte, y si esto sucede, algo cambia en ti en el propio merecimiento y lugar que ocupas en tu vida y en el mundo. Te conviertes en tu lugar seguro, en tu persona de confianza, en tu refugio, en tu mayor aliada.

EL CAMINO DEL FUEGO

Hemos llegado a ese maldito momento de la despedida y nunca me había costado tanto acabar un libro como este que tienes en las manos, sobre todo por la conexión que hemos creado entre tú y yo.

Has conocido cada recoveco de mi ser, cada herida abierta, cada experiencia silenciada, cada éxito y cada fracaso. He sentido inseguridad infinita y miedo abrumador al exponerme desde este lugar tan abierto y tan sincero. No ha sido fácil el camino de escribir *Pirómanas*, pero ahora, desde la distancia del tiempo y el dolor, entiendo que todo fue perfecto: el desgarro de la ruptura, la gira de *Origen* para adentrarme en mí, la falta de credibilidad y el *hate* recibido en redes, la exposición de mi proceso y todo lo que conlleva, la ruptura de mi patrón, la inversión absoluta de todo mi dinero en Santo Amor, y tantas vivencias que me han llevado hasta ti.

Mis amigas siempre me dicen que no ponga taaanto mis cicatrices al servicio de los demás, que lo personal es político, sí, pero hasta que empieza a pesar. Y tienen razón, pero no sé hacerlo de otra forma. Desde que empecé a escribir, a divulgar, a investigar he dejado que todo me atravesara para poder explicar lo aprendido y lo olvidado a ritmo de «¿A que no sabes qué me ha pasado?», mientras se calientan las infusiones en la mesa.

(Amiga, si estás leyendo esto, lo siento: lo he vuelto a hacer).

Este libro ha tenido tantas versiones como yo misma mientras lo escribía. Sus primeras palabras fueron escritas por una Noemí con una idea muy distinta del amor, la libertad, el poder, de la inmensidad del placer y, en general, de lo que se le venía encima. Me he roto mientras escribía cada letra impresa en estas páginas, para volverme a encontrar entre tanto ruido y oscuridad. Supongo que *Pirómanas* es capaz de enseñarte el camino del fuego, pero, para ello, primero debes incendiarte.

Desde la distancia te he oído llorar, reír, suspirar y enviarme a la mierda en varias ocasiones. No pasa nada, forma parte de nuestra relación. Porque tu historia y la mía son lo mismo: la historia de todas.

Hemos estado alejadas demasiado tiempo de la caja de cerillas para ser aceptadas en un mundo que jamás comprenderá nuestra piromancia, y que sencillamente no está preparado para ella. Pero el mundo y nuestra esencia no tienen por qué llevarse bien.

Al final, quien tocará la tumba con los dedos serás tú, y solamente tú puedes decidir si vives por ti o por los demás. Solo pido que, cuando llegue el momento de tu partida, no pesen más las decisiones que no tomaste por miedo, vergüenza, culpabilidad o falta de confianza. Que no te lleves las manos a los bolsillos y descubras todo lo que pudiste quemar y no quemaste.

Hemos aprendido a olvidar el calor de las llamas para resguardarnos en el hielo, la fuerza de la luz para adentrarnos en la oscuridad. Nunca fuimos dueñas de nuestro fósforo porque pensamos que nadie iba a querer nuestra combustión, porque ardemos y carbonizamos. Nosotras, que tenemos la capacidad de iluminar las tinieblas, cerramos los ojos para caminar con los ciegos.

Sé el terror que se siente cuando esa pequeña llama interna empieza a incendiar tu vida. El vértigo de no saber qué va a pasar después del infierno. No sé si alguna vez te lo han dicho, pero, como has visto, las mujeres podemos controlar el fuego porque nacemos de él. Cuando nos convertimos en cenizas, ya no tenemos miedo a la muerte.

El fuego te protege, te abraza, te ilumina y te calienta. Te enraíza y te eleva, te transforma y te moldea. Te recuerda que solo vives una vez, al menos con este cuerpo físico, y esa es una oportunidad que merece incendios, cenizas y cerillas para no perder el camino. Tu camino. Nuestro camino.

El camino del fuego.

Y, si observas bien, te darás cuenta de que no estás sola: estos puntos de luz que ves en el firmamento son pirómanas de ayer y de hoy que no se conformaron con menos.

Ahora sí, ven aquí. Dame un superabrazo. Más fuerte. Eso es. Gracias por darme el permiso de acceder a tu vida, a tu alma, a tu caja de cerillas, a tu hoguera interna. Gracias por leer mi historia y sostenerme en la distancia, por validar la rabia que me hizo incendiar cada parte de mi vida.

Escúchame. Cuando busques un refugio, un abrazo, un poco de leña o carbón; vuelve a estas páginas, conecta con la pólvora y ábrete a lo que la vida puede ofrecerte, si le das la oportunidad de que te atraviese por completo. Estoy a tu lado y te cojo de la mano siempre que me necesites.

Eres un ser capaz de crear, quemar, transformar, amar con esa intensidad que solo tú conoces. No permitas que nadie, ni siquiera tú misma, te apague.

Que el camino del fuego honre tus pasos y te muestre tu propia liberación.

Nunca olvides de qué estás hecha, pirómana.

RECOMENDACIONES FINALES

Para escribir *Pirómanas* he acudido a mi propia experiencia vital, además de recurrir, durante todos estos años, a conversaciones con muchas personas fascinantes, libros, pódcast y contenido en redes sociales, que he interiorizado.

De ahí que sea imposible hacer una bibliografía, puesto que este libro es una mezcla de fuentes documentales que han nutrido mi realidad, pero sobre todo, mi propia visión del mundo.

De todas formas, me gustaría utilizar este espacio para recomendarte a otras autoras maravillosas y que sigas profundizando en ti:

Cuando Dios era mujer, de Merlin Stone

La danza de la ira, de Harrier Lerner
Las mujeres que aman demasiado, de Robin Norwood
Feminidad salvaje, de Sonia Encinas
El segundo sexo, de Simone de Beauvoir
La liberación del alma, de Michael A. Singer
Luna Roja, de Miranda Gray
Sex for One, de Betty Dodson

La lista es infinita, pero he querido reducirla para la comodidad de las lectoras.

Y aprovecho este espacio para animarte a escuchar, validar y defender tu propia voz. De nada sirve leer *Pirómanas*, u otros libros, e integrarlos como la verdad absoluta porque... ¿existe esa verdad absoluta?

Lee, escucha, investiga, pero que más de la mitad de tu discurso y persona no se forme de palabras ajenas, sino de vivencias propias.